마스터 체르니40

CZERNY

DIE SCHULE DER GELÄUFIGKEIT

세광m

INHALT

11. Presto — Pag. 32
pp
12. Molto allegro — Pag. 34
fz
13. Presto — Pag. 36
fp leggiero
14. Molto vito e velocissimo — Pag. 40
p
15. Presto — Pag. 42
p L.H. 8ba
16. Presto — Pag. 46
p L.H. 8ba
17. Molto allegro — Pag. 50
fp L.H. 8ba
18. Molto allegro — Pag. 52
R.H. p
19. Presto — Pag. 54
f
20. Molto vivace — Pag. 56
mf L.H. 8ba

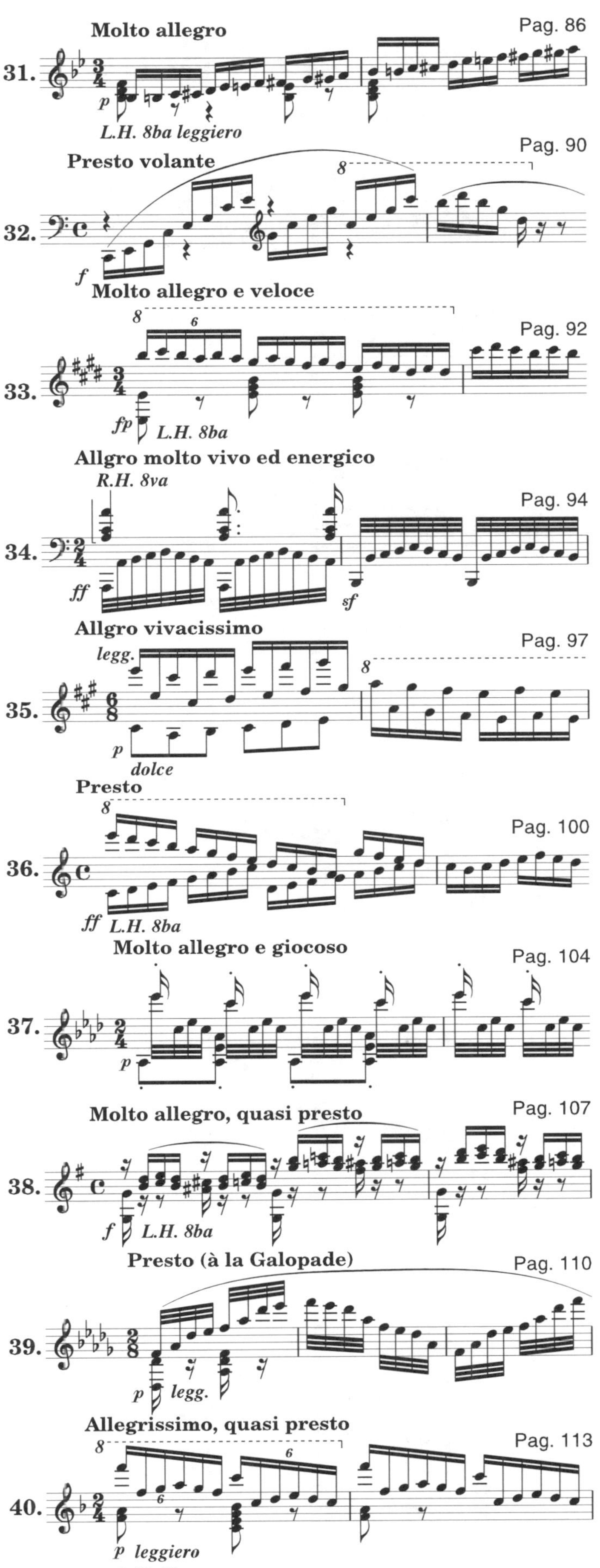

21. Molto allegro — Pag. 60 — ff — L.H. 8ba
22. Molto allegro — Pag. 62 — p
23. Molto allegro — Pag. 64 — p
24. Molto allegro — Pag. 68 — ff — 8
25. Molto allegro — Pag. 72 — p L.H. 8ba
26. Allegro — Pag. 74 — p L.H. 8ba
27. Presto — cantando — Pag. 78 — pp
28. Presto — Pag. 80 — p L.H. 8ba
29. Molto allegro — Pag. 82 — p leggiero — 8
30. Presto volante — Pag. 84 — ff
31. Molto allegro — Pag. 86 — p — L.H. 8ba leggiero
32. Presto volante — Pag. 90 — f — 8
33. Molto allegro e veloce — Pag. 92 — fp L.H. 8ba — 8 — 6
34. Allgro molto vivo ed energico — R.H. 8va — Pag. 94 — ff — sf
35. Allgro vivacissimo — legg. — Pag. 97 — p — dolce — 8
36. Presto — Pag. 100 — ff L.H. 8ba — 8
37. Molto allegro e giocoso — Pag. 104 — p
38. Molto allegro, quasi presto — Pag. 107 — f — L.H. 8ba
39. Presto (à la Galopade) — Pag. 110 — p — legg.
40. Allegrissimo, quasi presto — Pag. 113 — p leggiero — L.H. 8ba — 8 — 6

Die Schule der Geläufigkeit

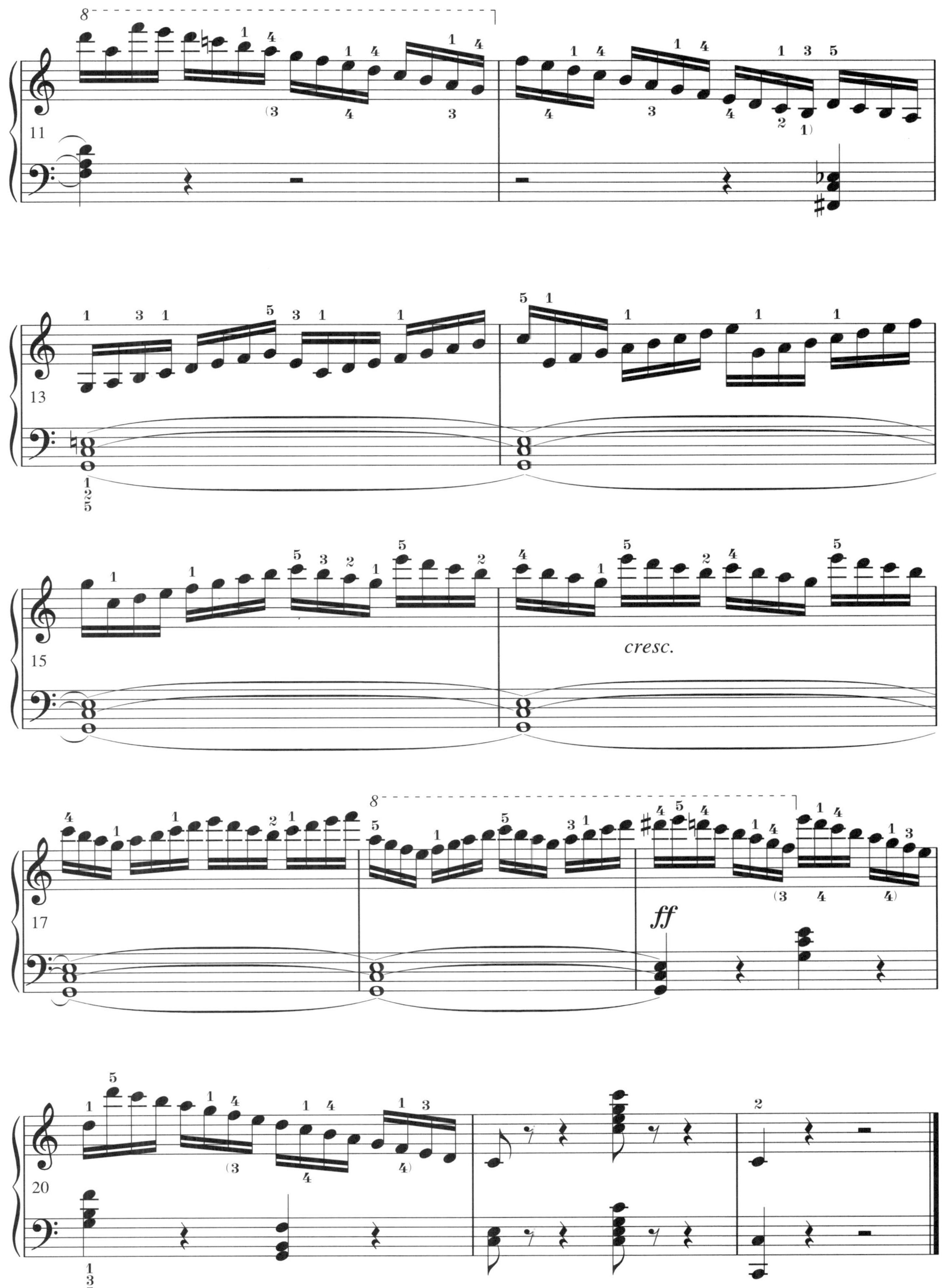
cresc.
ff

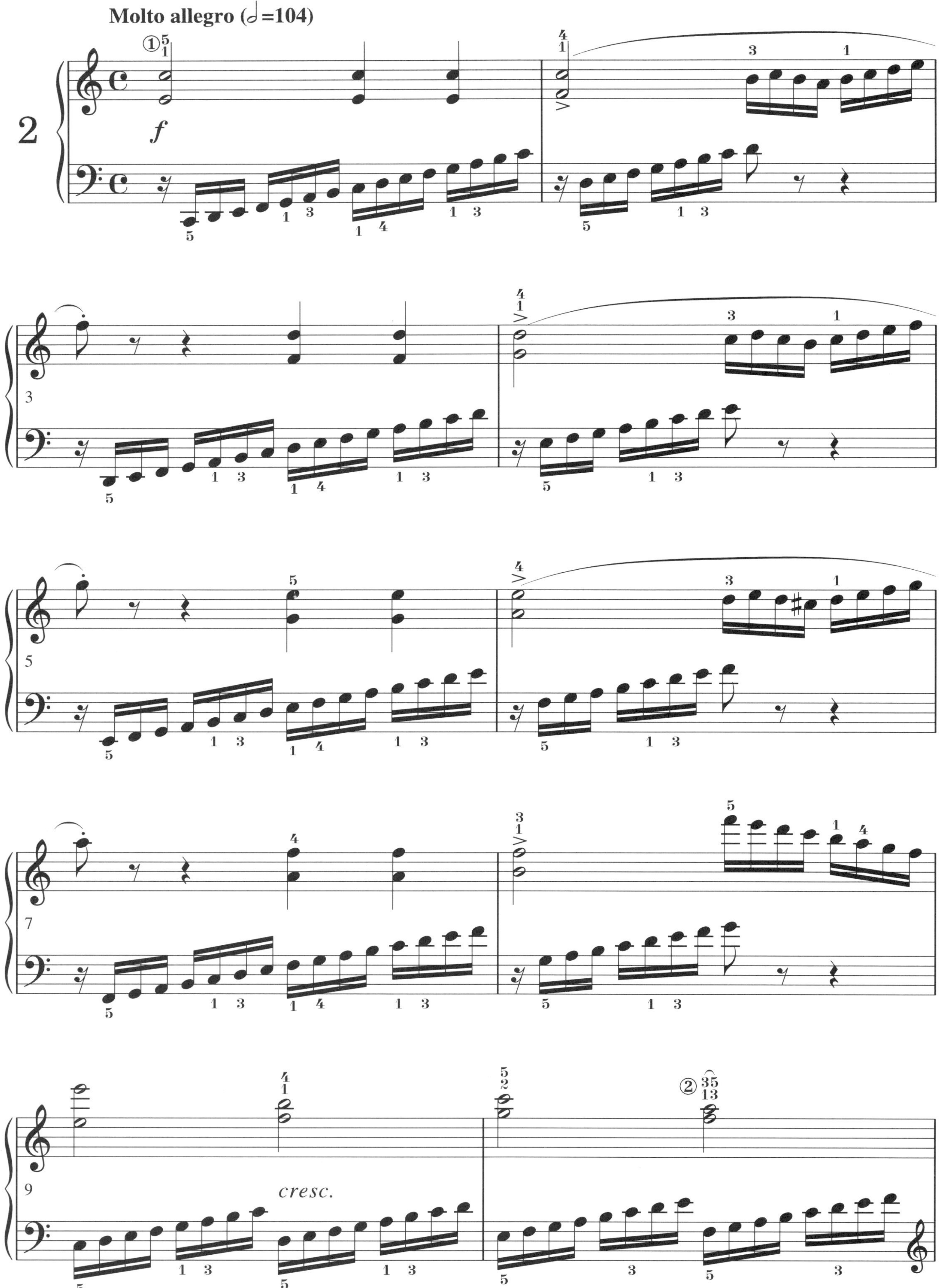

Molto allegro (♩=104)
2
f
cresc.

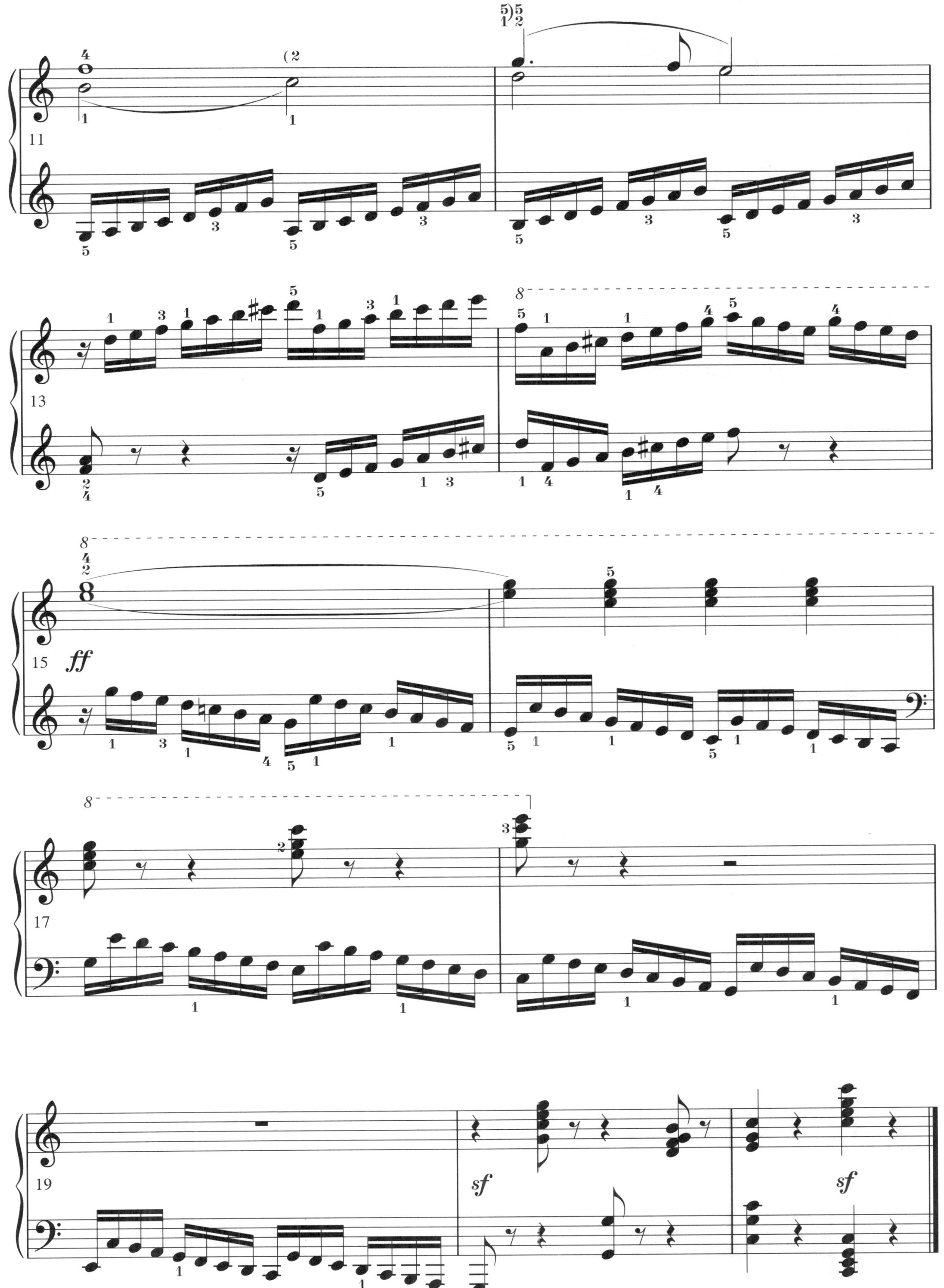

Presto (♩=108)
3
p
cresc.

4

Presto (♩.=80)
p
3 4 3 2 1   3 4 3 2 1   3   1   3   1   3   1   3   1
2   4   5   5   4

cresc.
3   1   3   1   3   1   3   1   3   1
4   1 3   5

②
3   1   3 2 3 4   1 2 3 4
f
2

1 2 3 4   1   3   1   3   1   3   1   3   1   3
dimin.
1   5   4   2   1   5

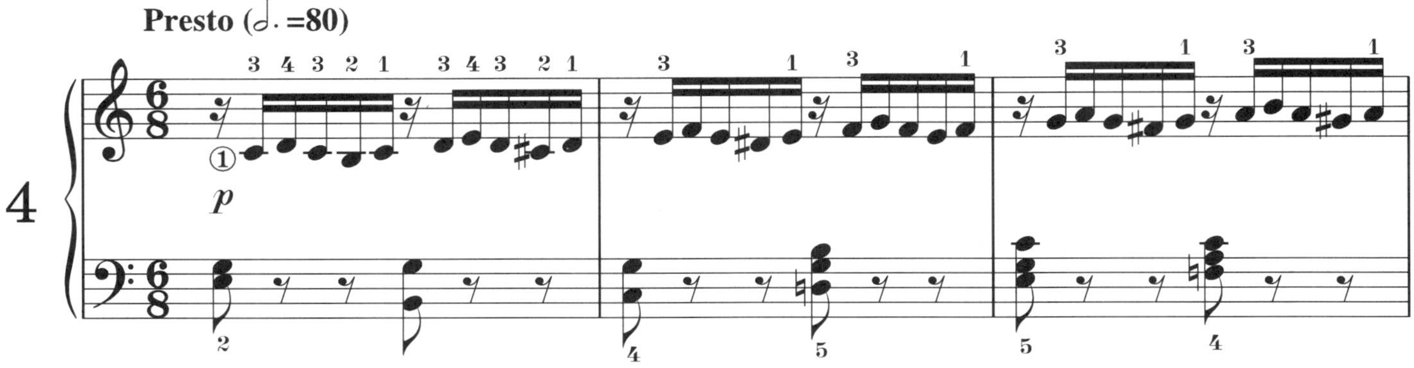

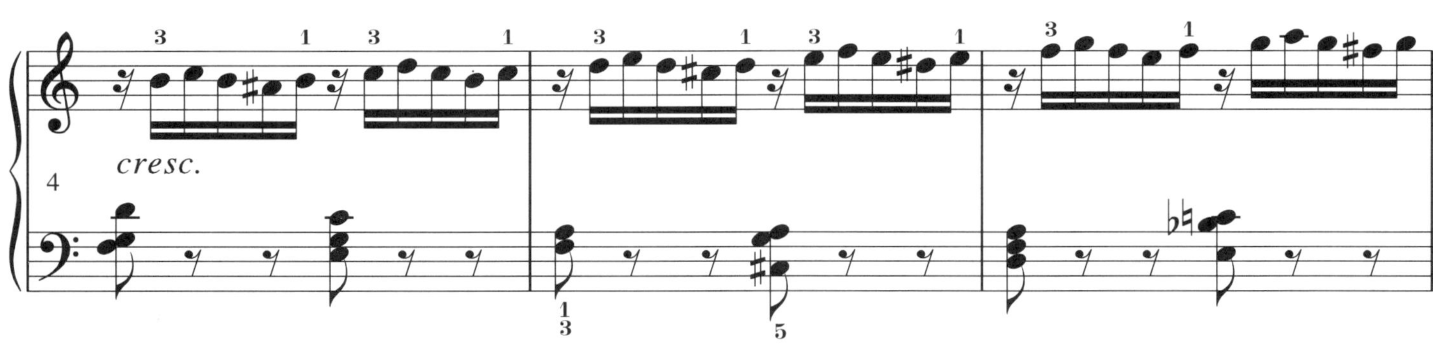

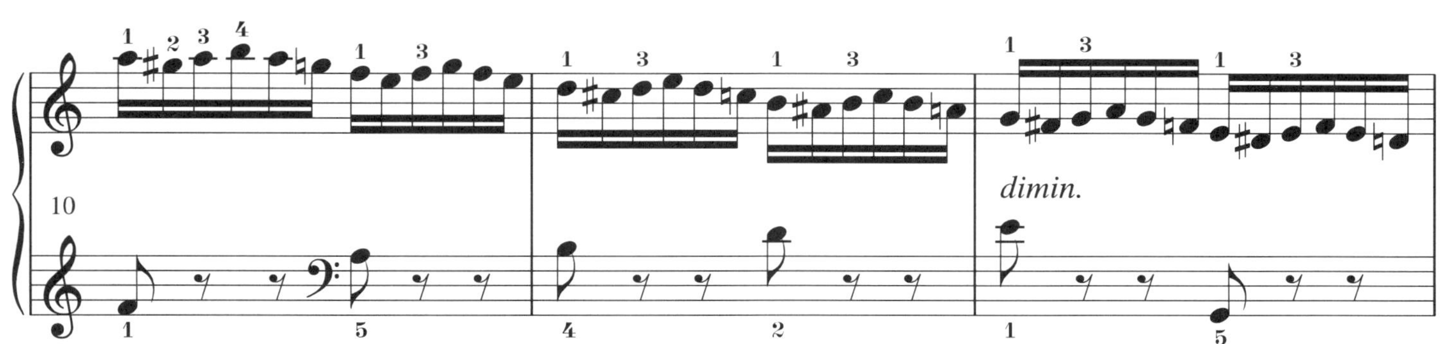

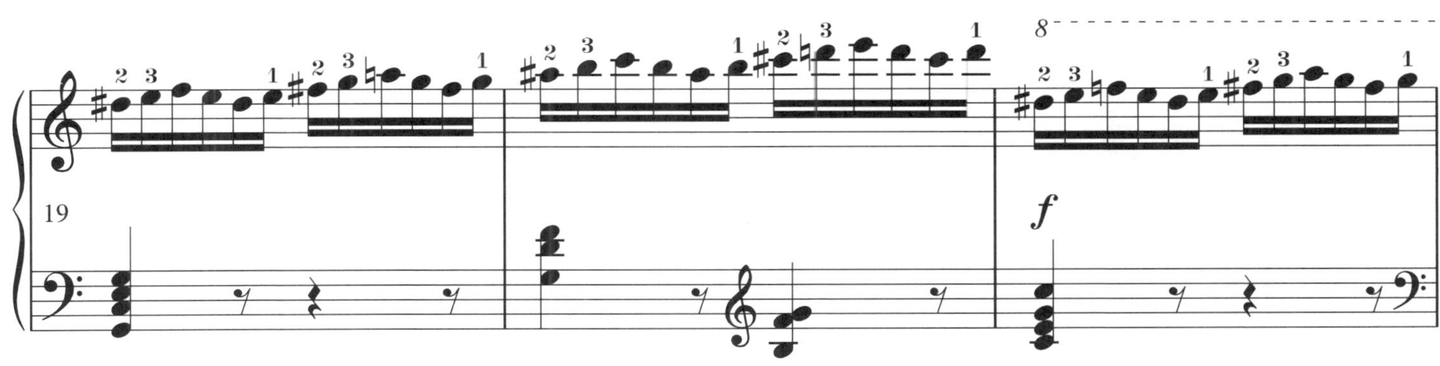

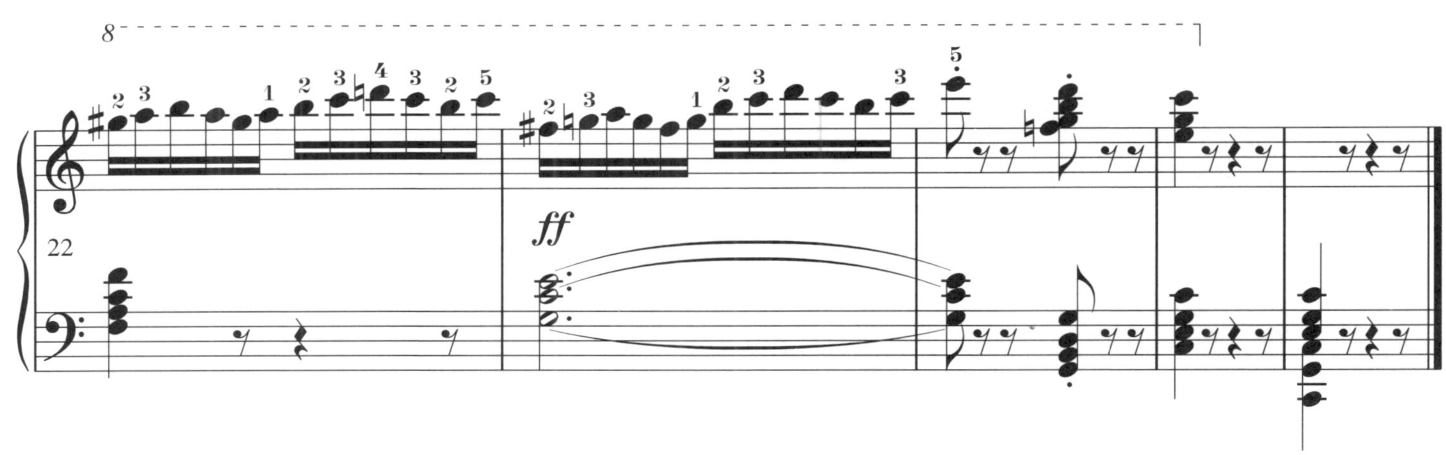

Molto allegro (♩=108)

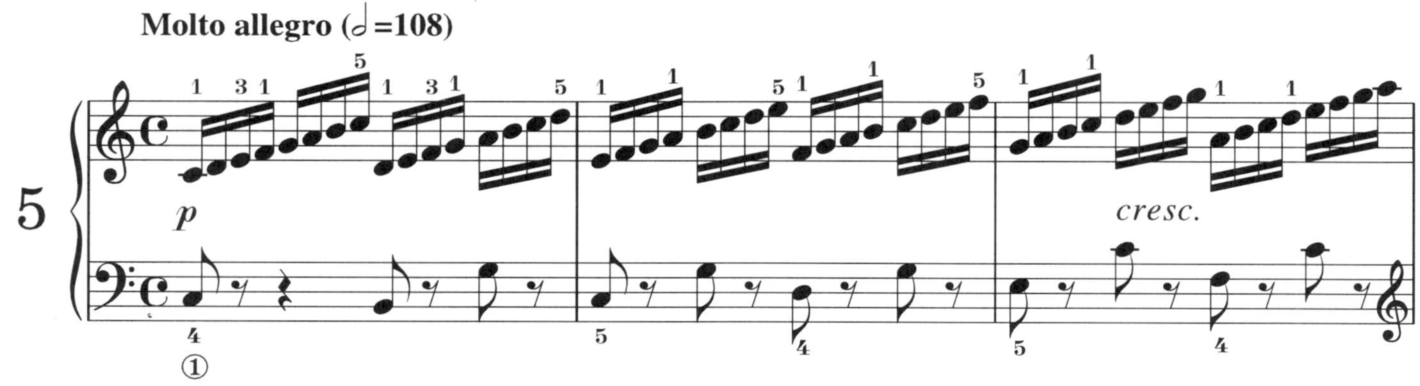

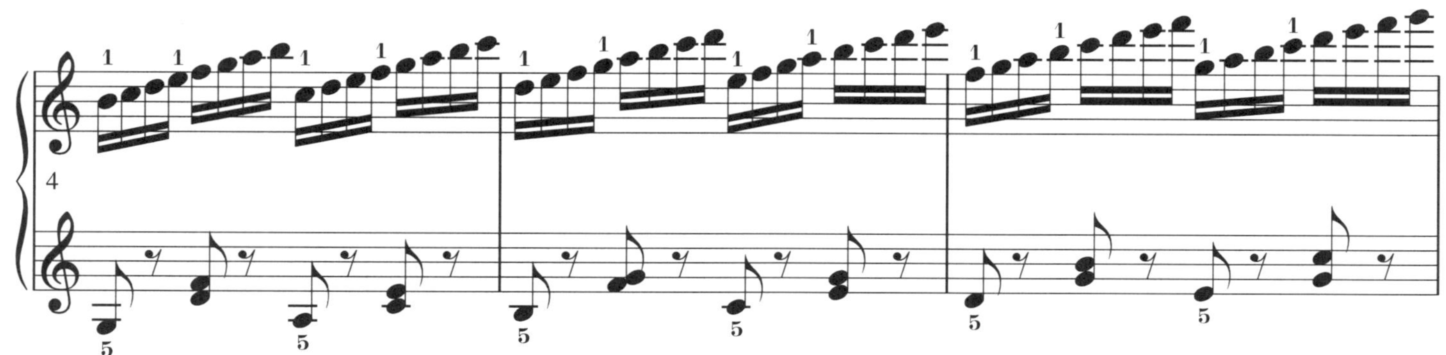

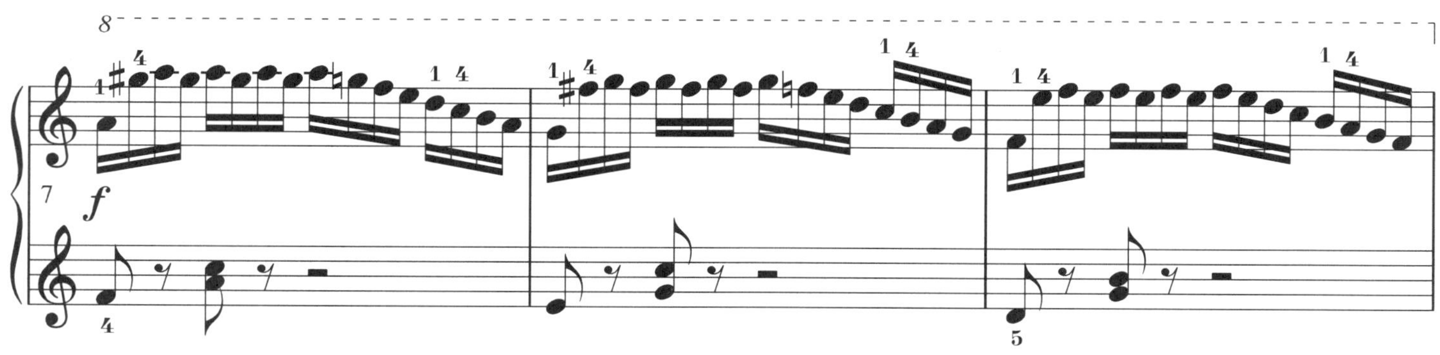

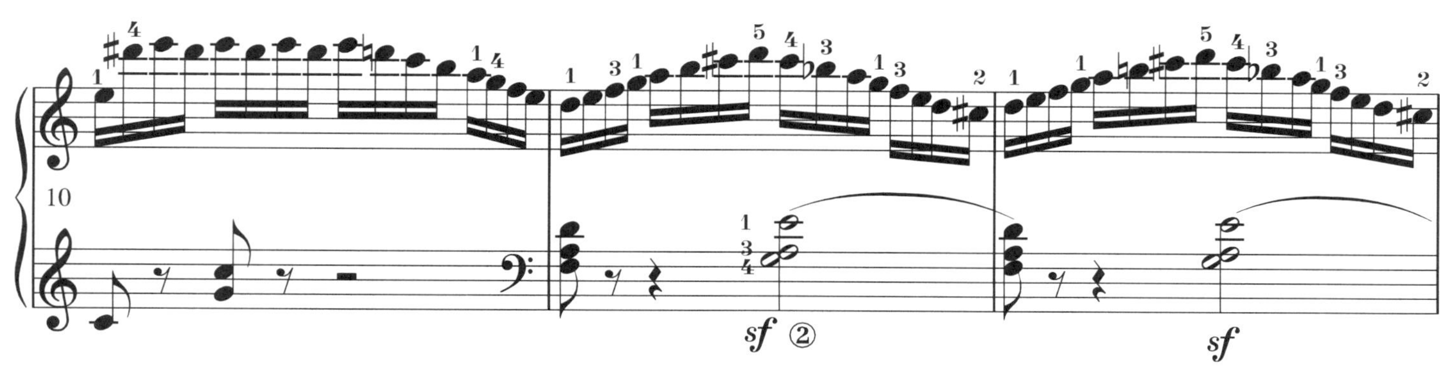

8
ff
13
sf
fp
16
5
1 3
8
19
cresc.
5
1 3
8
22
f
dimin.
5
1 3
5
1
2

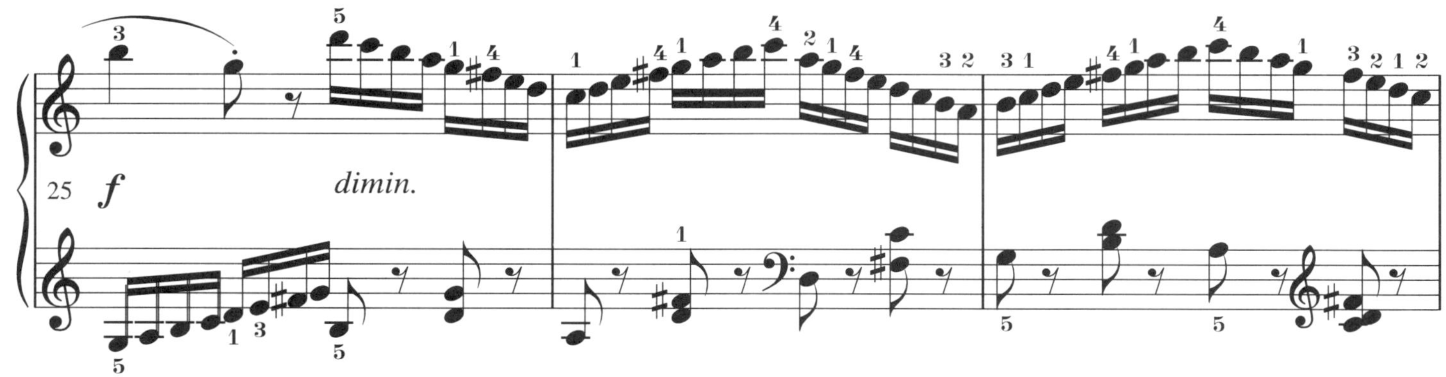
25
f
dimin.

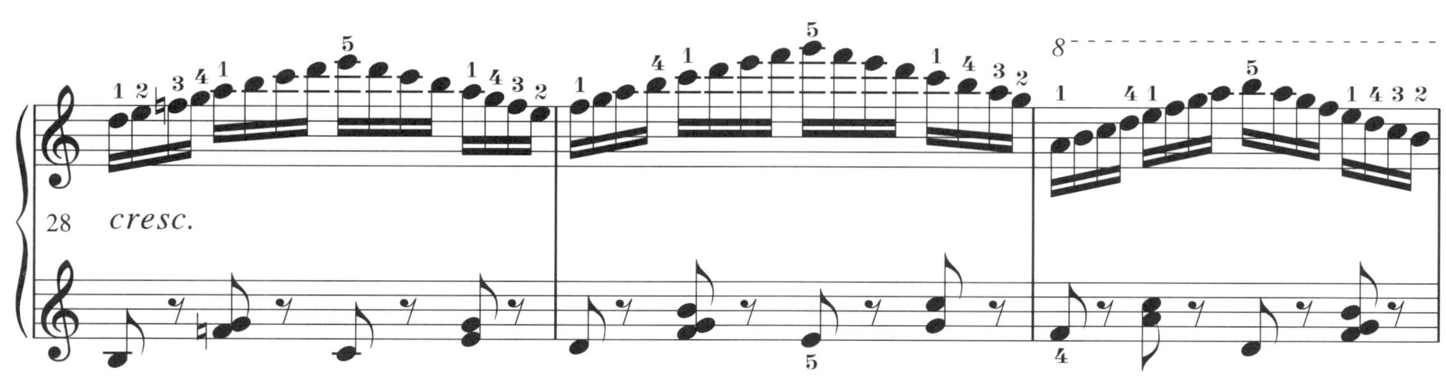
28
cresc.
8

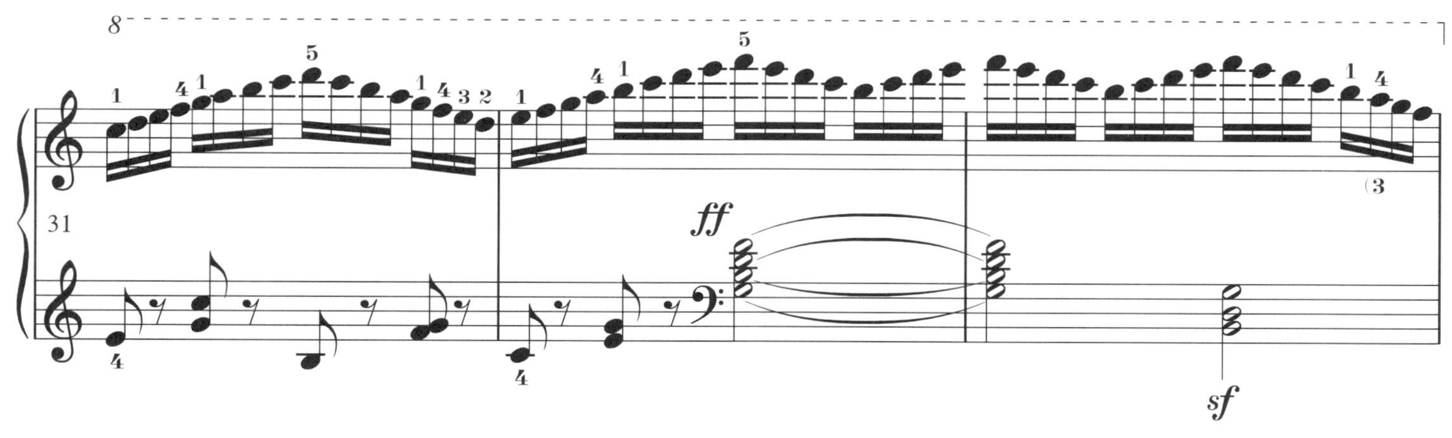
8
31
ff
sf

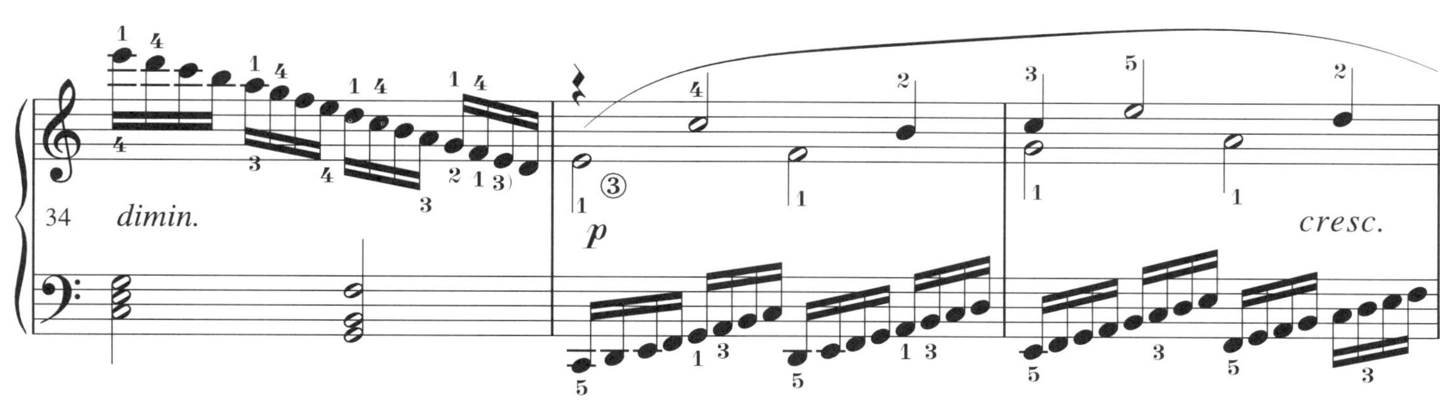
34
dimin.
p
cresc.

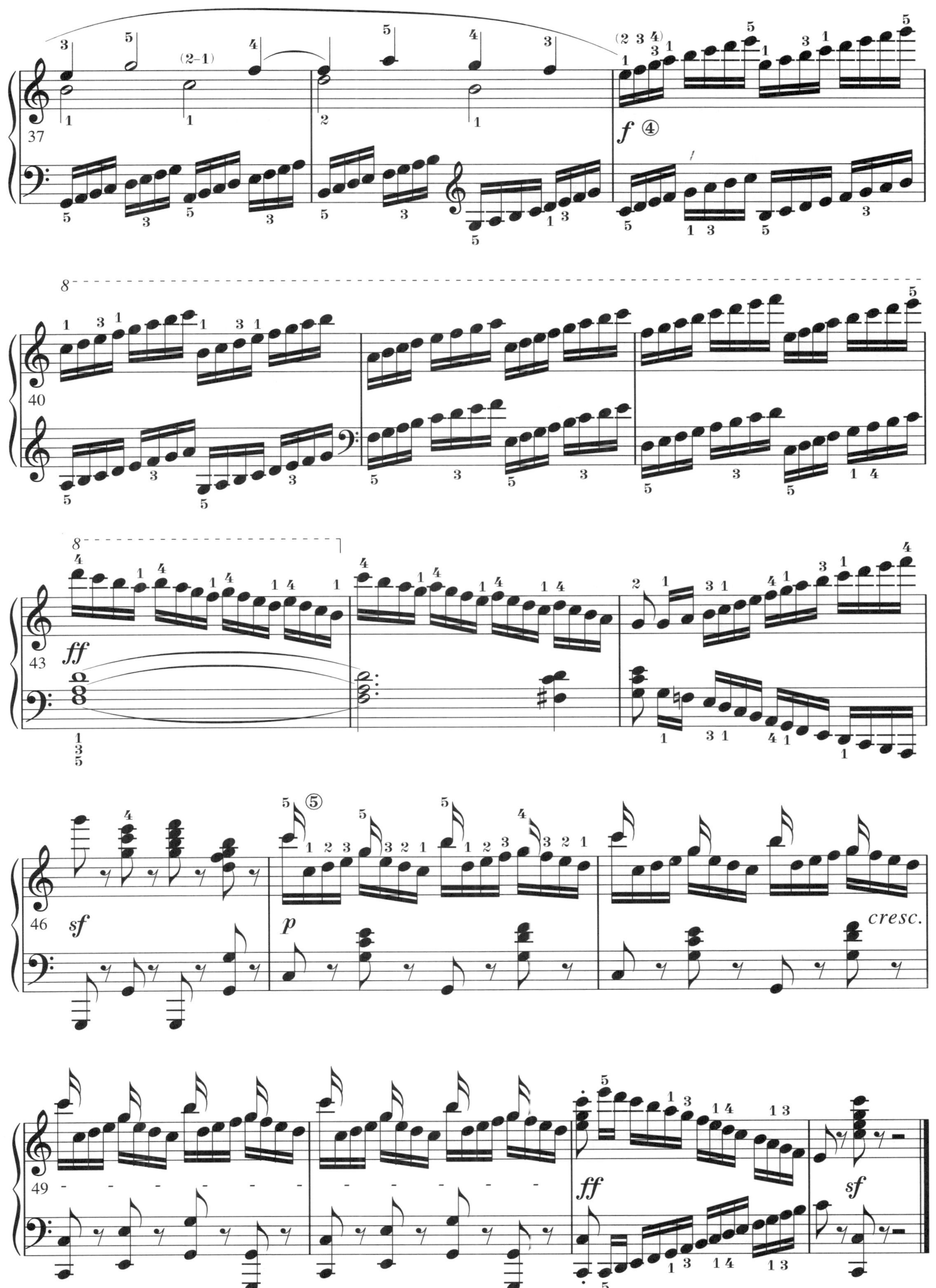

Molto allegro ($\dot{\;}$=104)

f
dimin.
p
cresc.
(3 4 5)
piú cresc.
f
piú f
(2 1)
ff

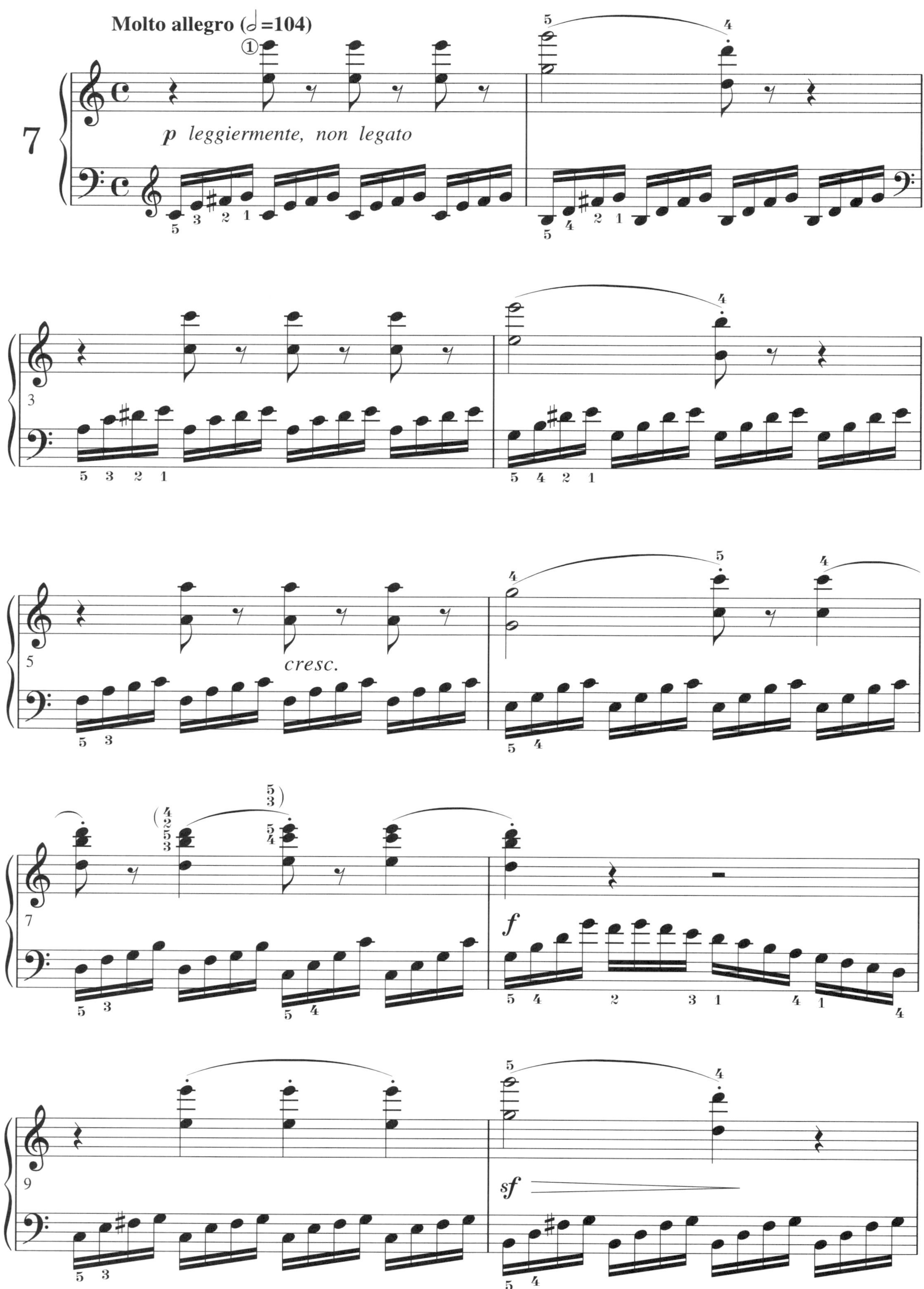
Molto allegro (♩=104)
7
p leggiermente, non legato
3
5
cresc.
7
f
9
sf

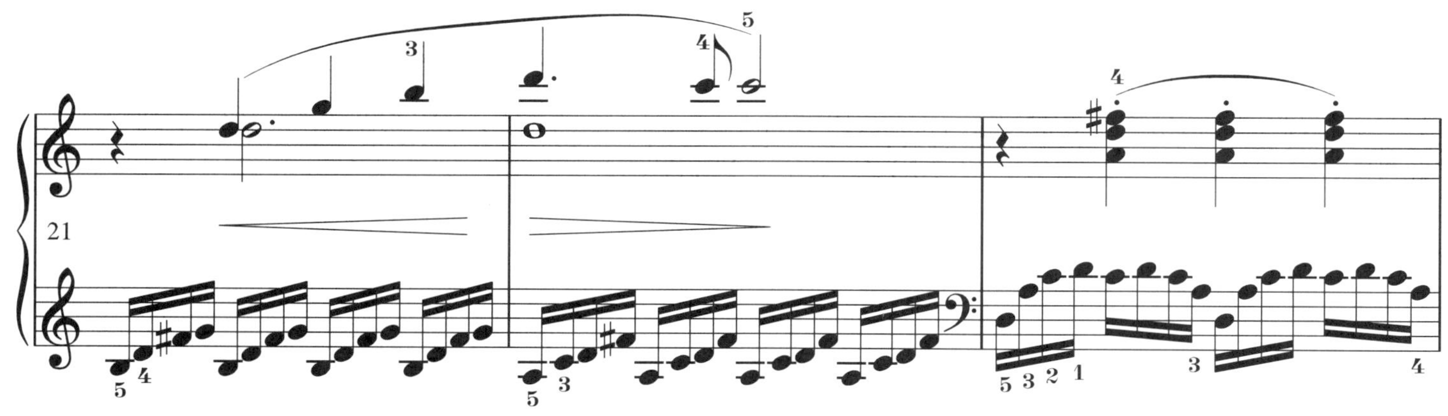

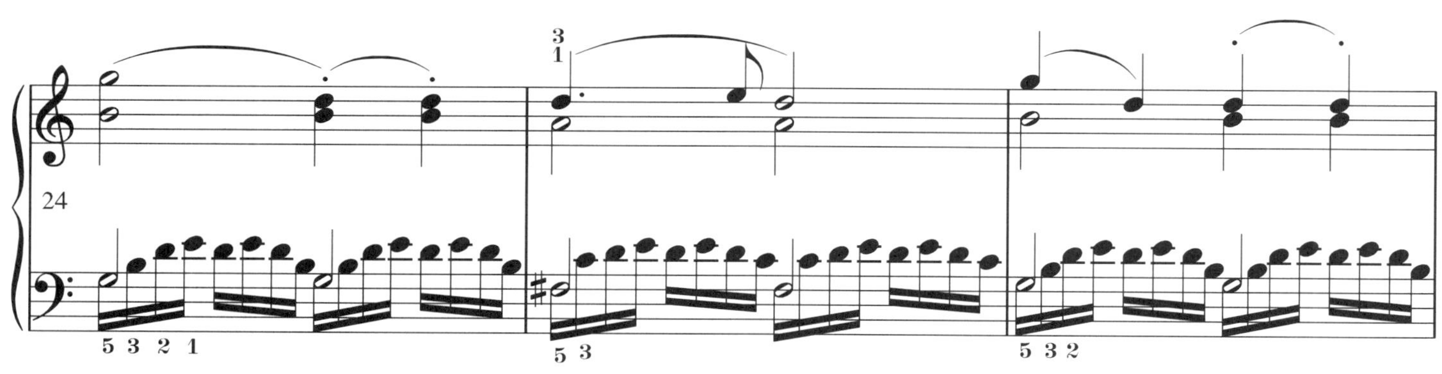

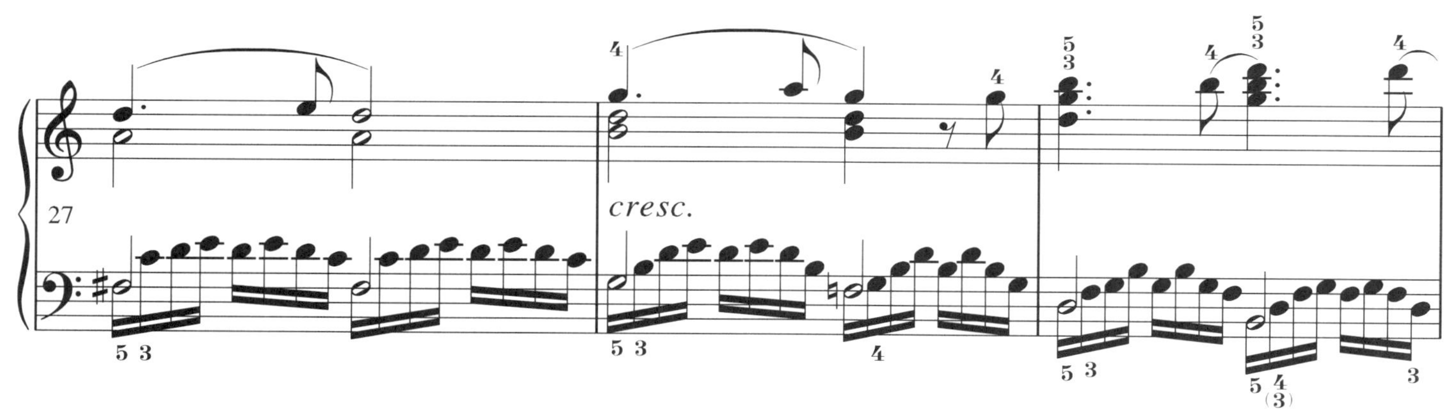

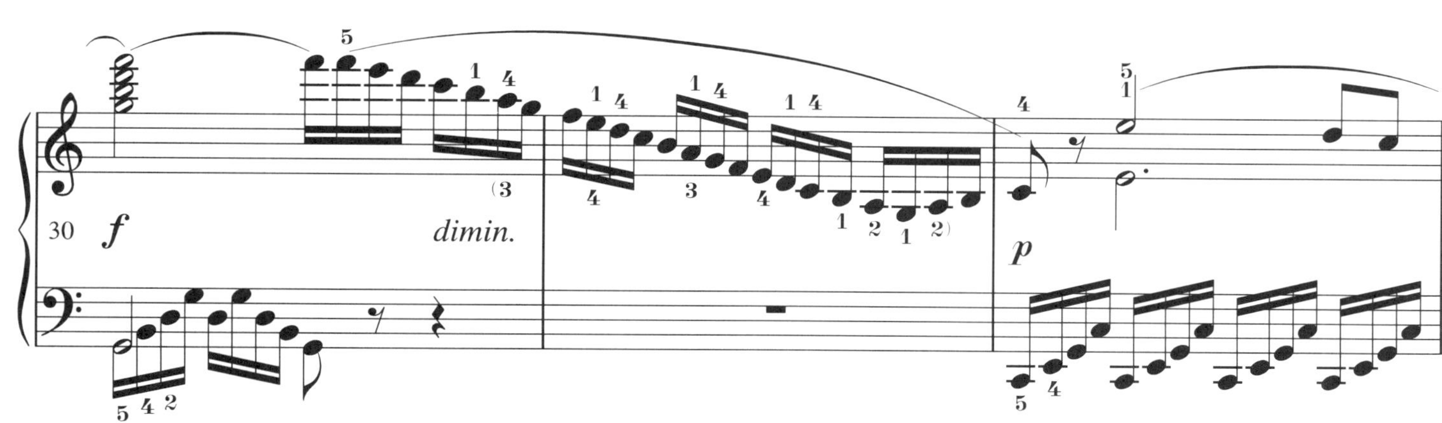

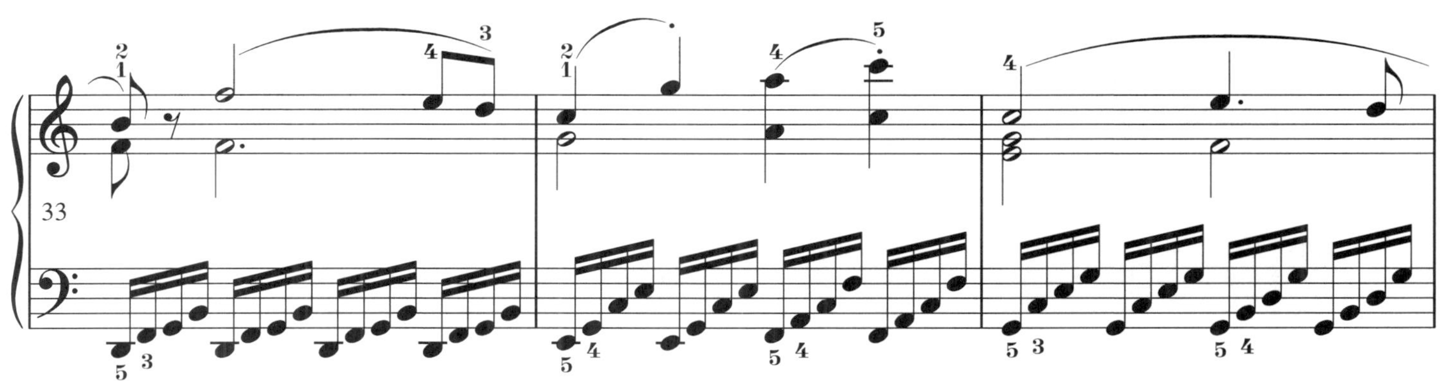

cresc.

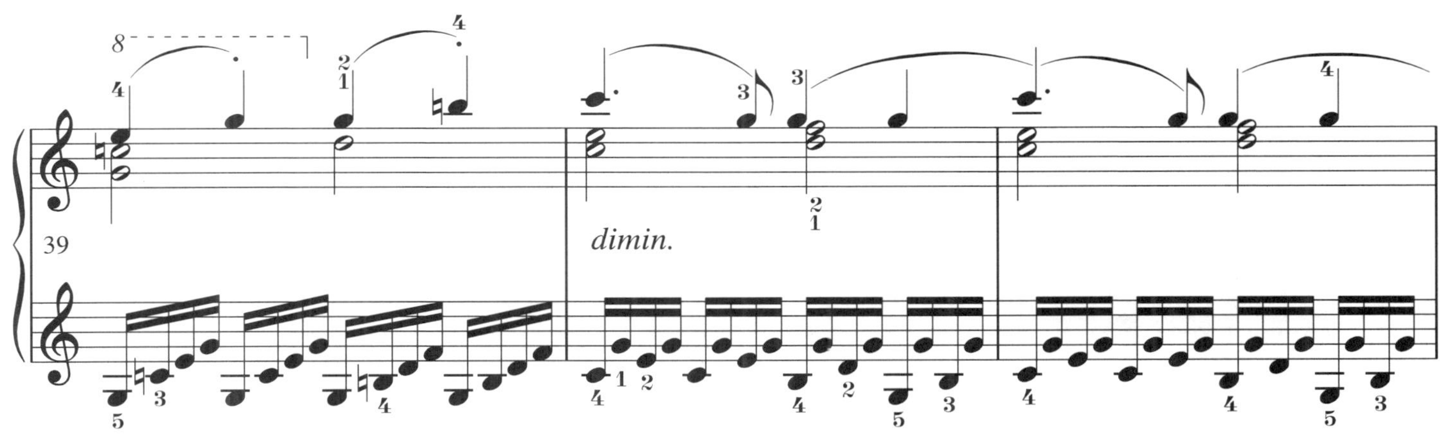
dimin.

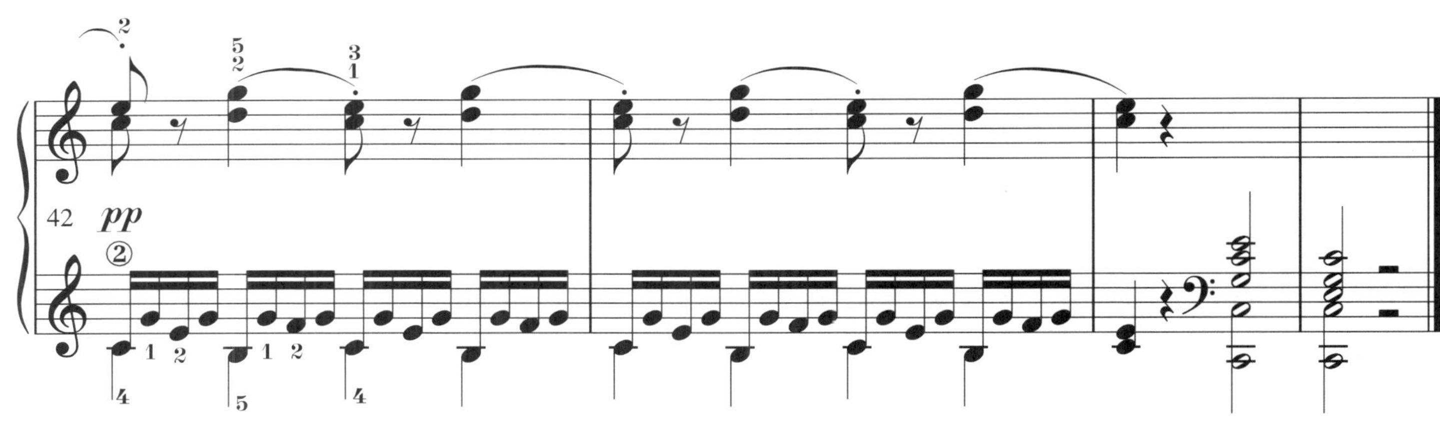
pp

Molto allegro (♩=104)
8
p
cresc.
4
sf
p
7
cresc.
f
10
dimin.
13
p
cresc.

31
p ②
(4)
4
33
5
4
35
cresc. - - - - - - - - - - -
5
4
5
8
37
f
(2 3 4
2 3 4 3)
8
39
ff
dimin.

42
p
45
cresc. poco a poco
47
f
50
dimin. - - - - - -
53
p
pp

9
Molto allegro (♩=108)
p sempre leggiero
cresc.
f
dimin.
p
cresc.

58
cresc.
61
63
f
65
67
69
dimin.
p
ff

10
Molto allegro (♩.=66)
① con anima
p
legato
cresc.
sf
p
cresc.
f
dimin.
p
tr. ③
cresc.
(13)

Die Schule der Geläufigkeit

Presto (♪. =132)

C. Czerny op.299

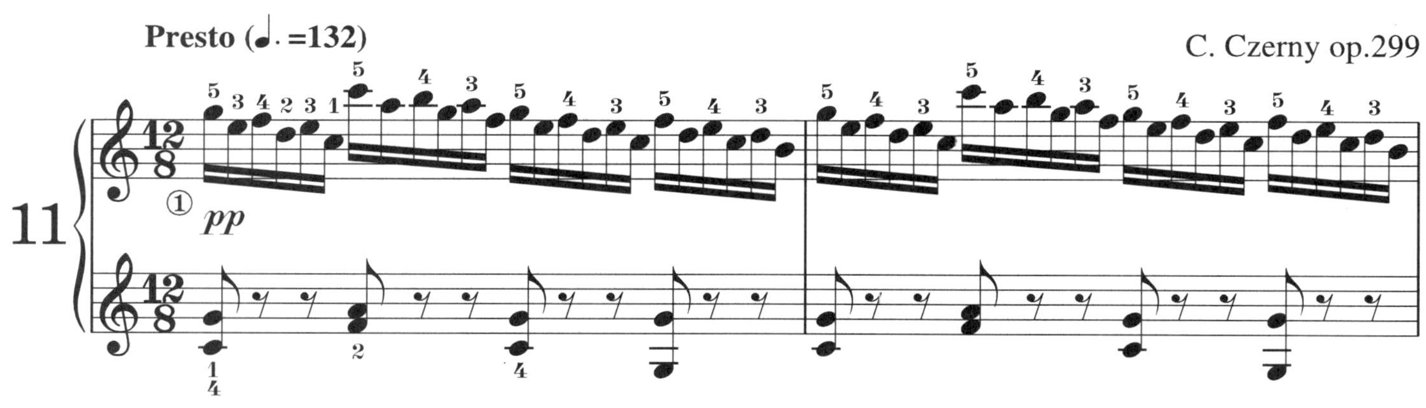

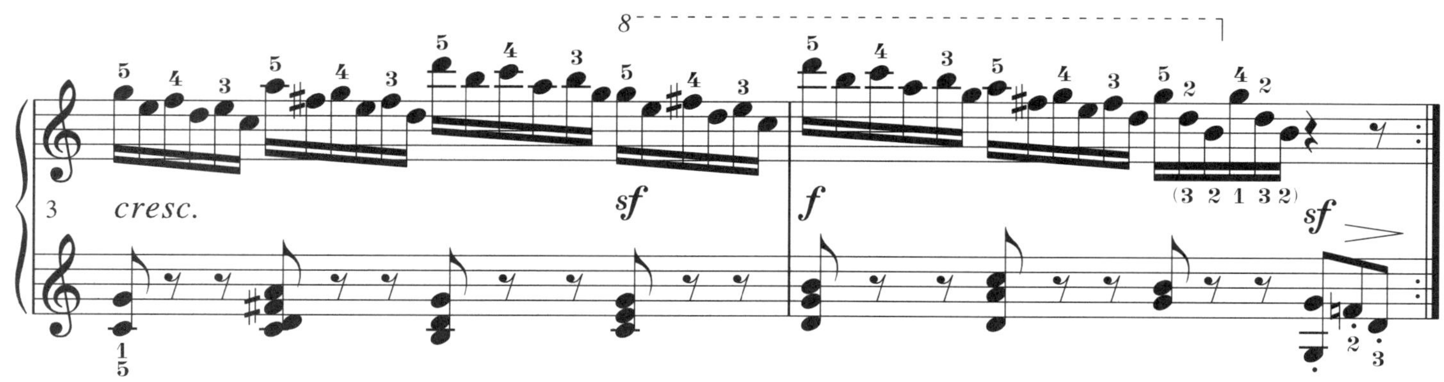

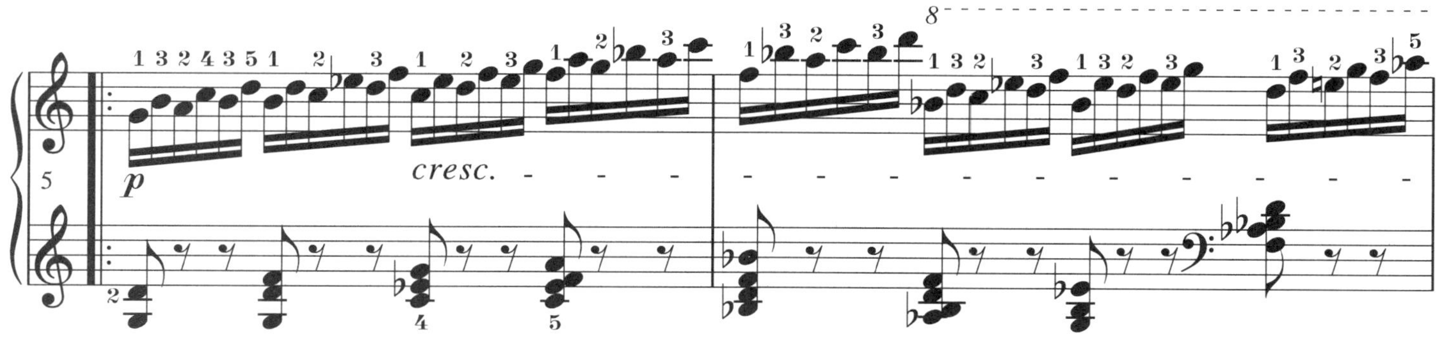

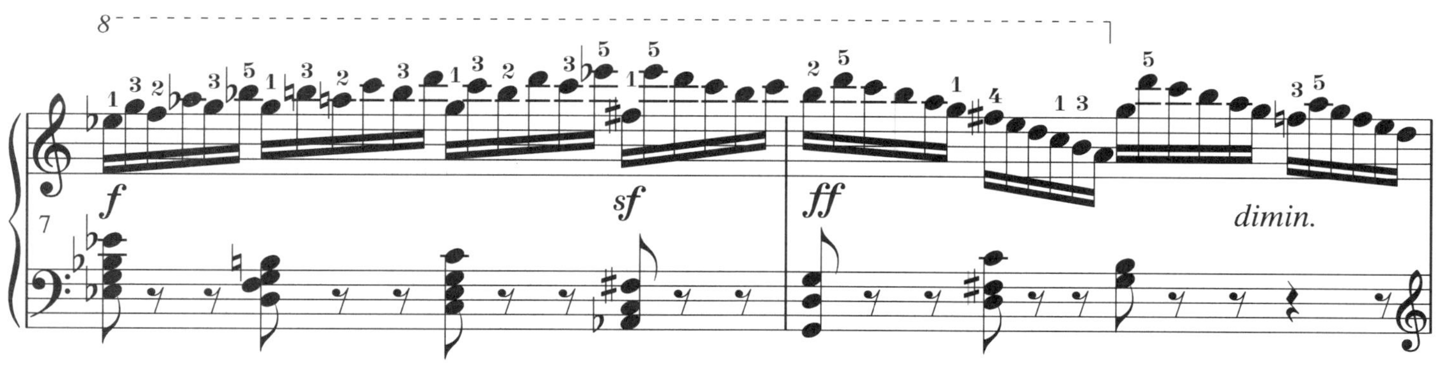

9
p
legg. staccato
11 cresc.
fp
cresc.
13 dimin.
pp
15
cresc.
(17)
f
ff

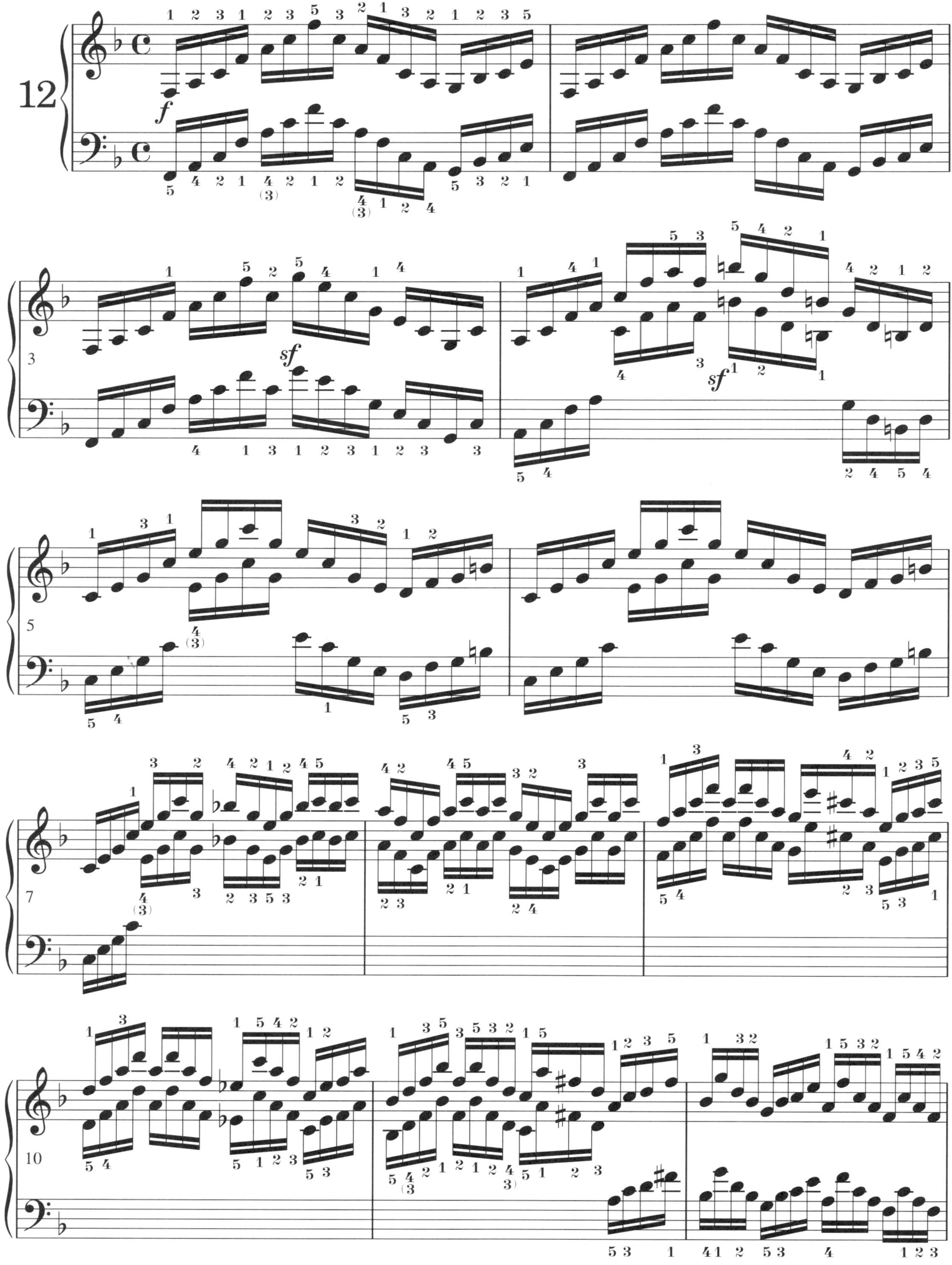
Molto allegro (♩=92)
12
f
5
4 2 1
(3)
4
(3)
1 2 4
3
sf
4 1 3 1 2 3 1 2 3 3
5 3 5 4 2 1
4 2 1 2
4
sf 1 2
1
5 4
2 4 5 4
5
1 3 1 3 2 1 2
4
(3)
5 4 1 5 3
1 3 2 4 2 1 2 4 5 4 2 4 5 3 2 3 1 3
4 2 1 2 3 5
1
4
(3)
3 2 3 5 3 5 4
2 3 5 3
2 4
5 4 2 3 5 3 1
1 3 1 5 4 2 1 2 1 3 5 3 5 3 2 1 5 1 2 3 5 1 3 2 1 5 3 2 1 5 4 2
10
5 4 5 1 2 3 5 3 5 4 2 1 2 4 5 1 2 3
(3) 3)
5 3 1 4 1 2 5 3 4 1 2 3

Presto (♩.=72)
13
fp leggiero
marcato
cresc. poco a poco
dimin. poco a poco
f
p

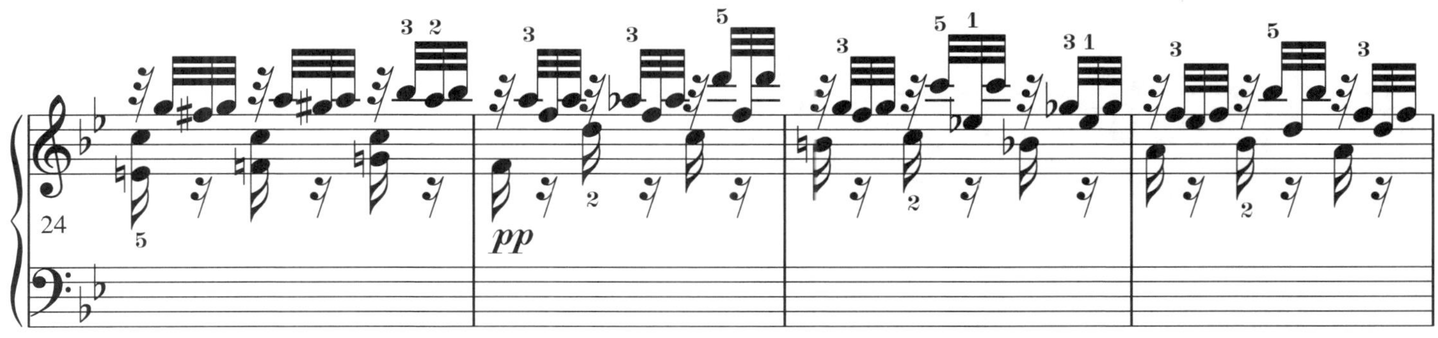
pp

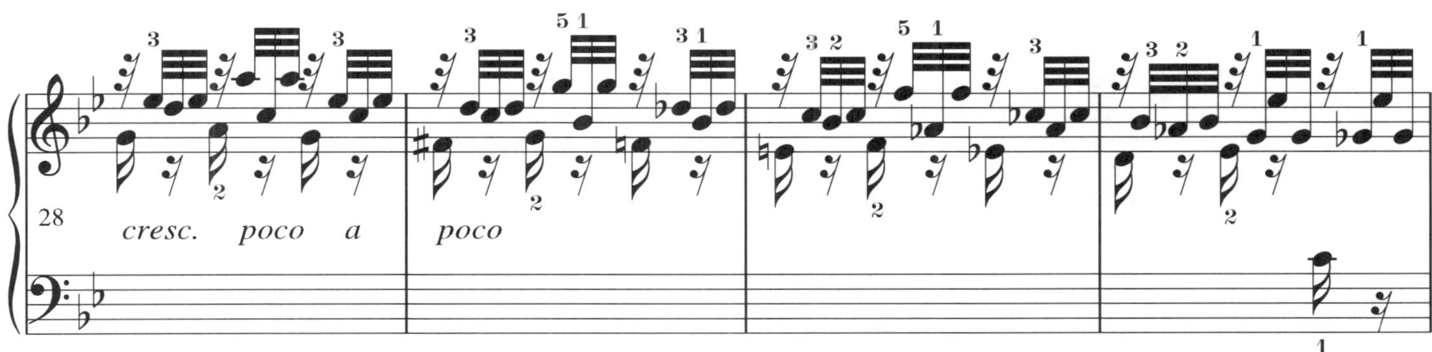
cresc.   poco   a   poco

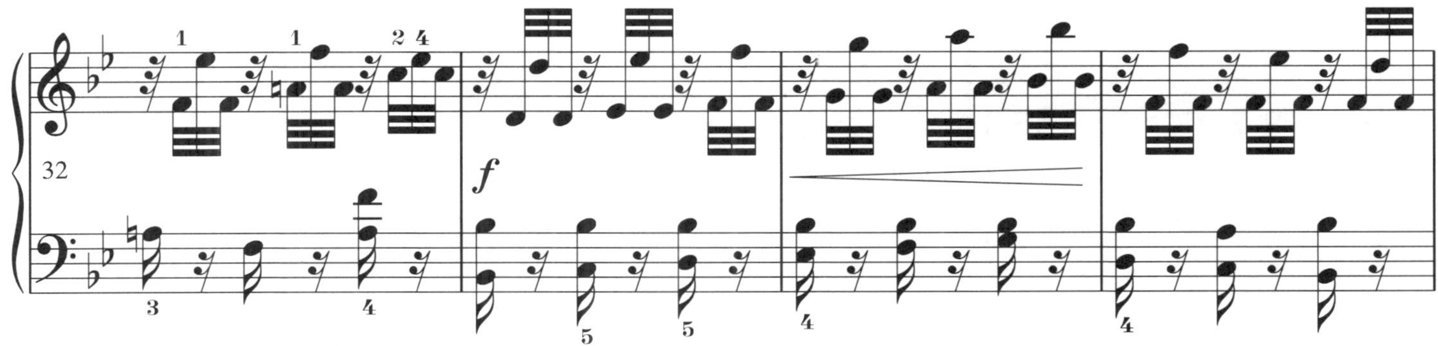
f

59
f
p
dolce
62
dimin.
66
pp
70
74
ff

Molto vivo e velocissimo (♩=116)

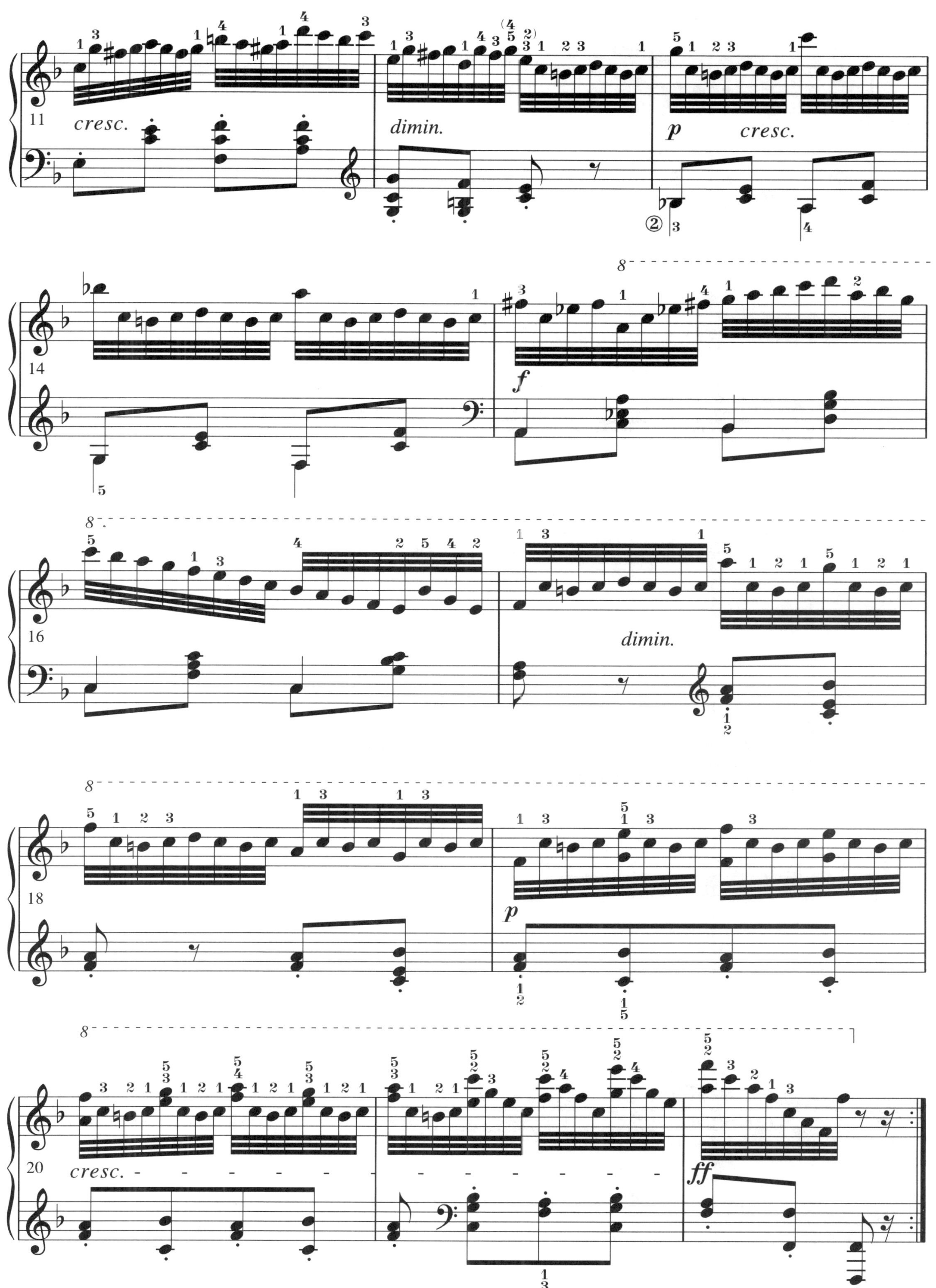
cresc.
dimin.
p
cresc.
f
dimin.
p
cresc.
ff

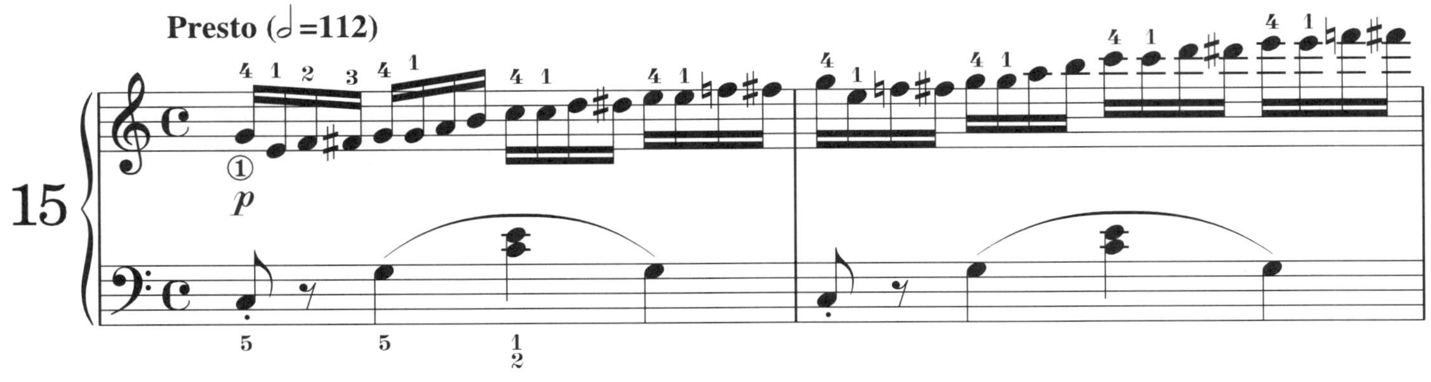

Presto (♩=112)
p
15

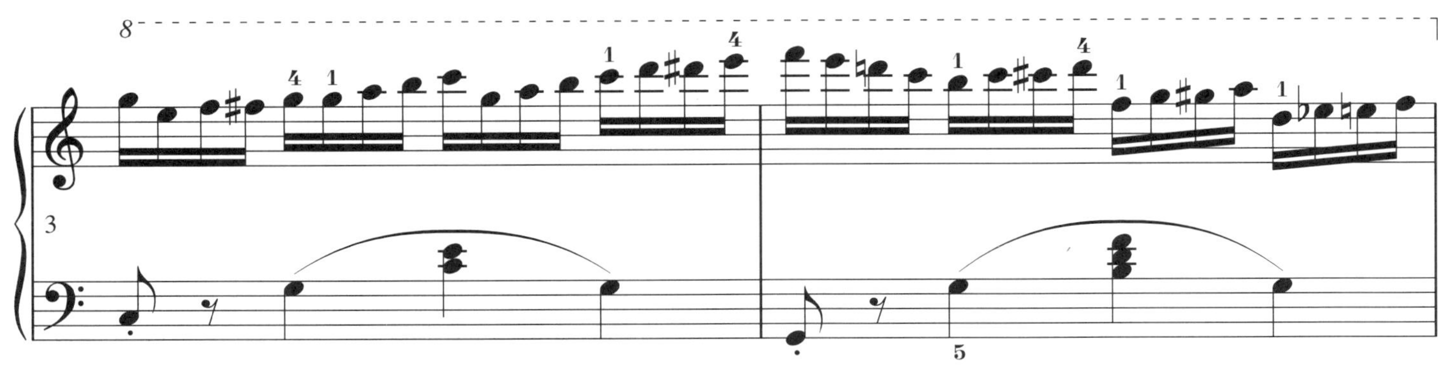

8

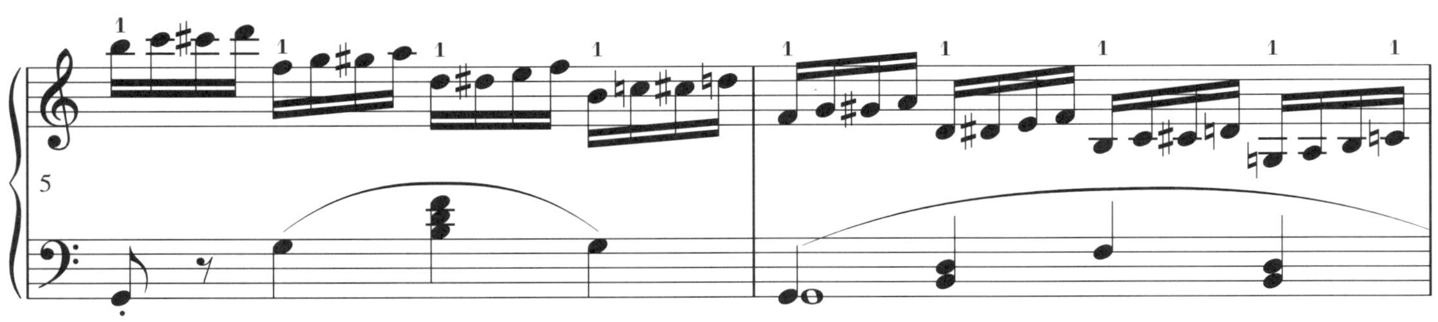
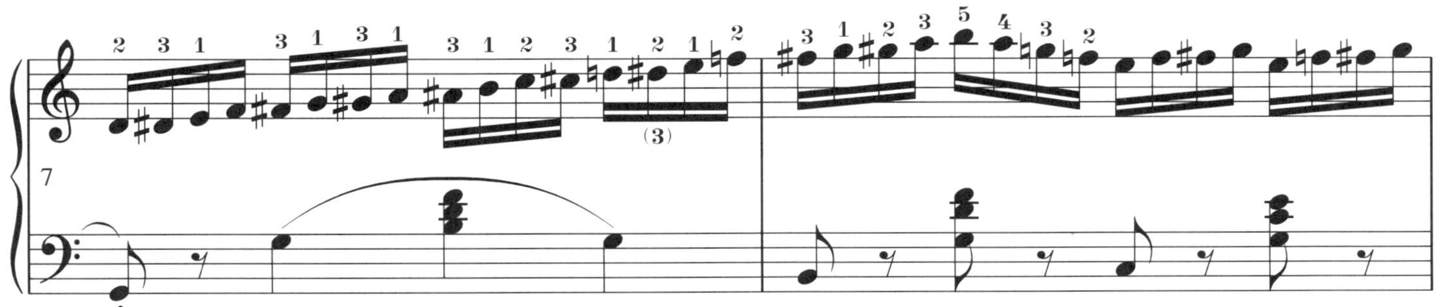

cresc.

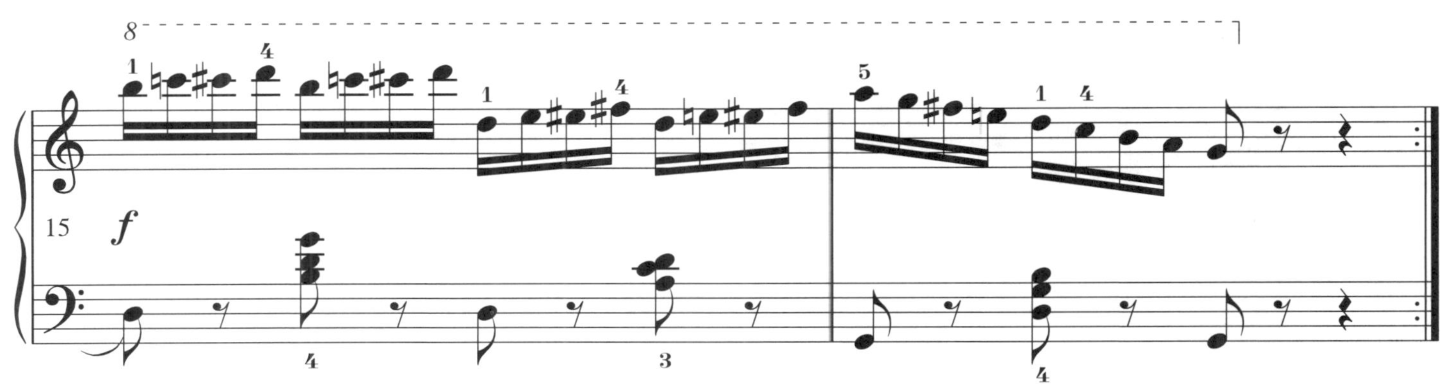
f

16
Presto (♩.=92)
p
cresc.
sf
f
p

cresc.
f
p
f
p
cresc. sempre poco a poco
ff
dimin.
p

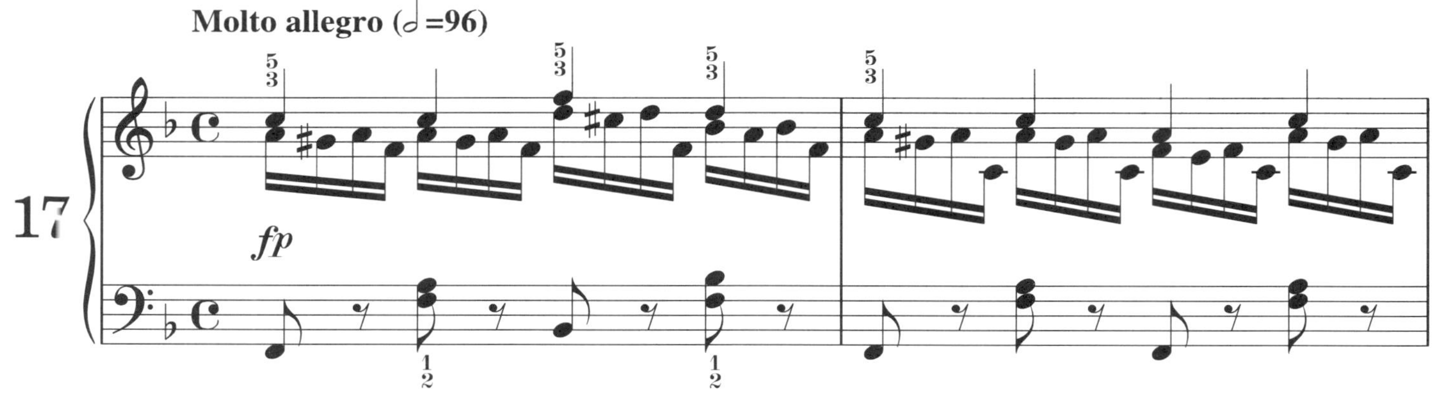
Molto allegro (♩=96)
17
fp

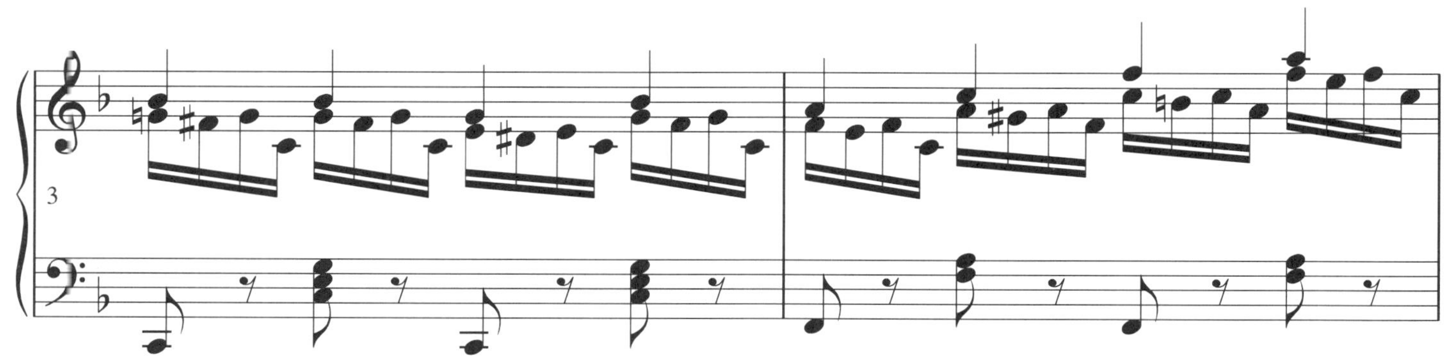
3

5
cresc.

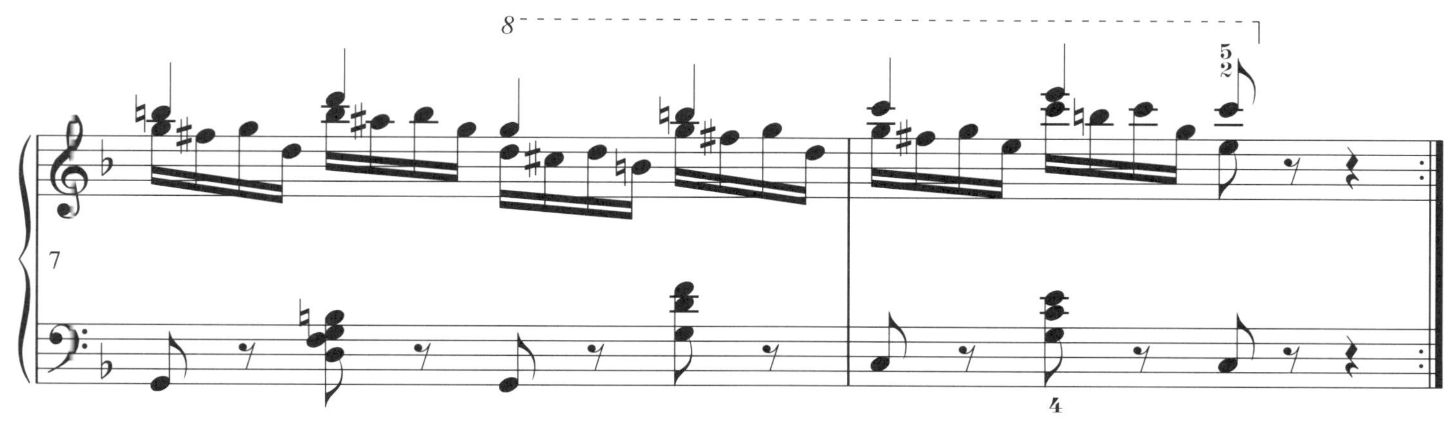
7

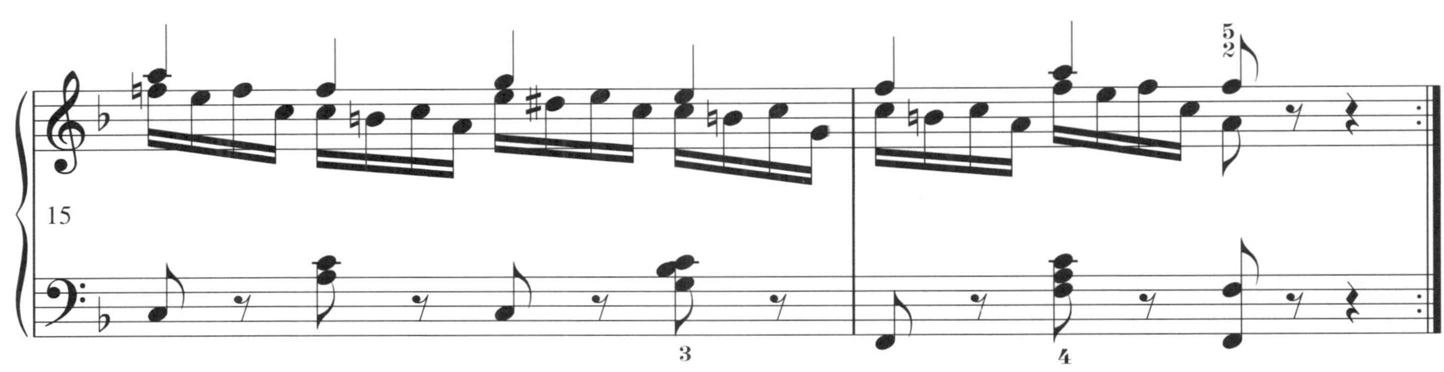
fp
cresc.
fp
cresc.
f

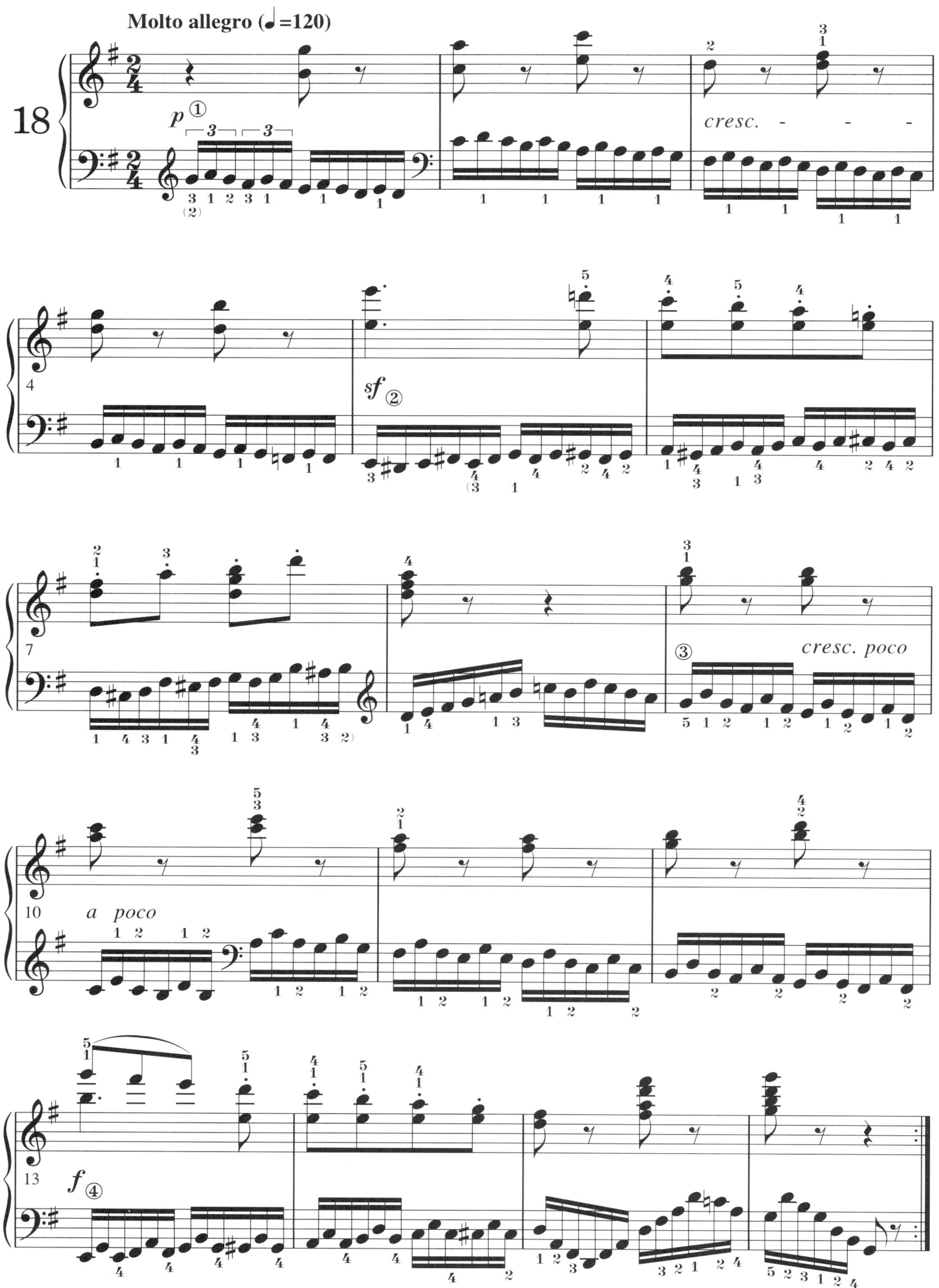
Molto allegro (♩=120)
18
p ①
cresc. - - -
4
sf ②
7
cresc. poco
③
10
a poco
13
f ④

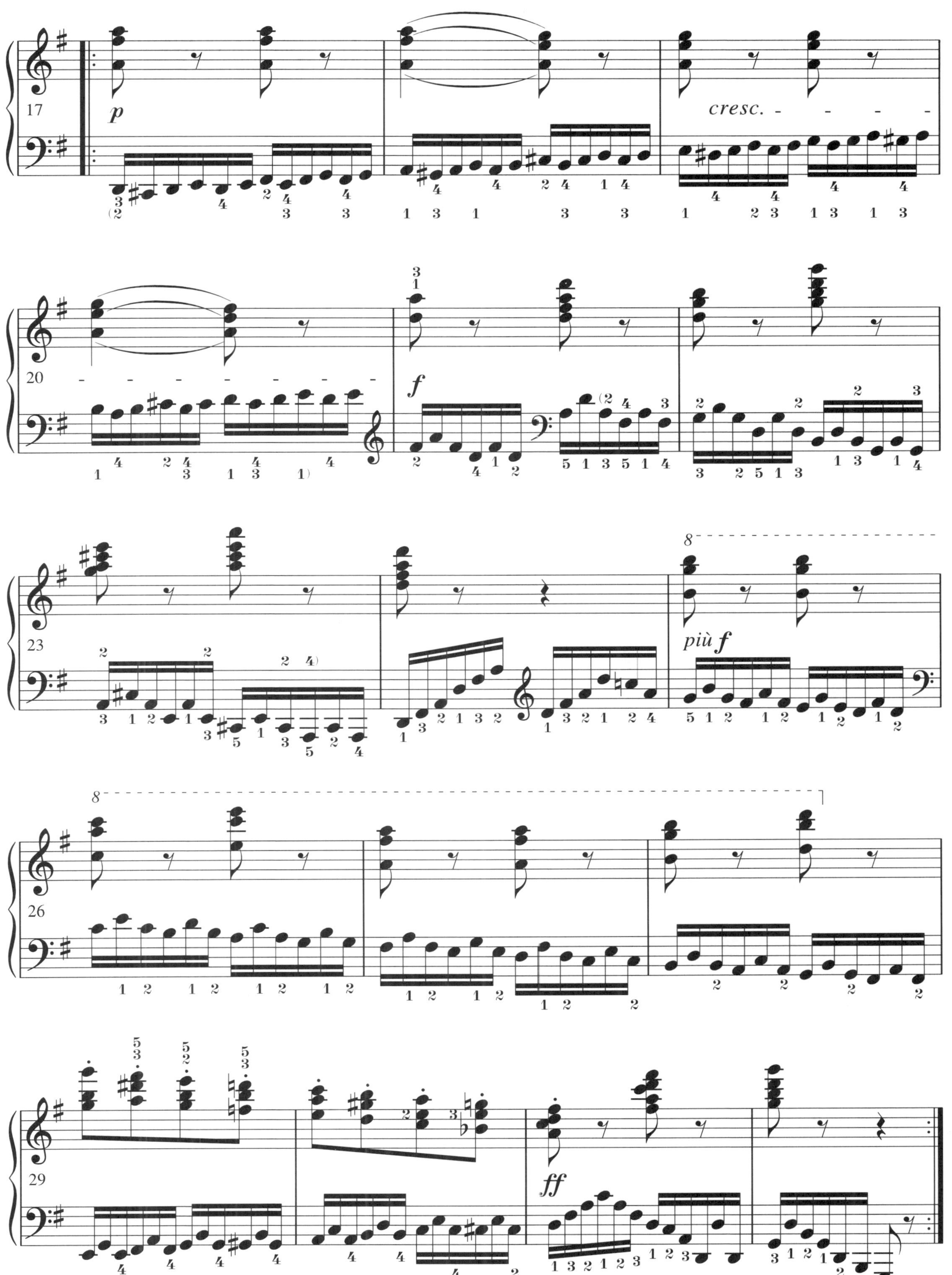

Presto (♩=100)
19
f
4 1 2
5
2 1 4 2
5
sf
dimin.
p
4 3
cresc.
4 3
più f
(3 1 4 2 5 1 3 1)

20
Molto vivace (♩.=63)
mf
cresc. poco a poco
f

16
19
ff
22
sf
25
sf
dimin.
p
28
cresc. poco a poco

46
49
p
52
55
cresc. molto
58
ff
8

Die Schule der Geläufigkeit

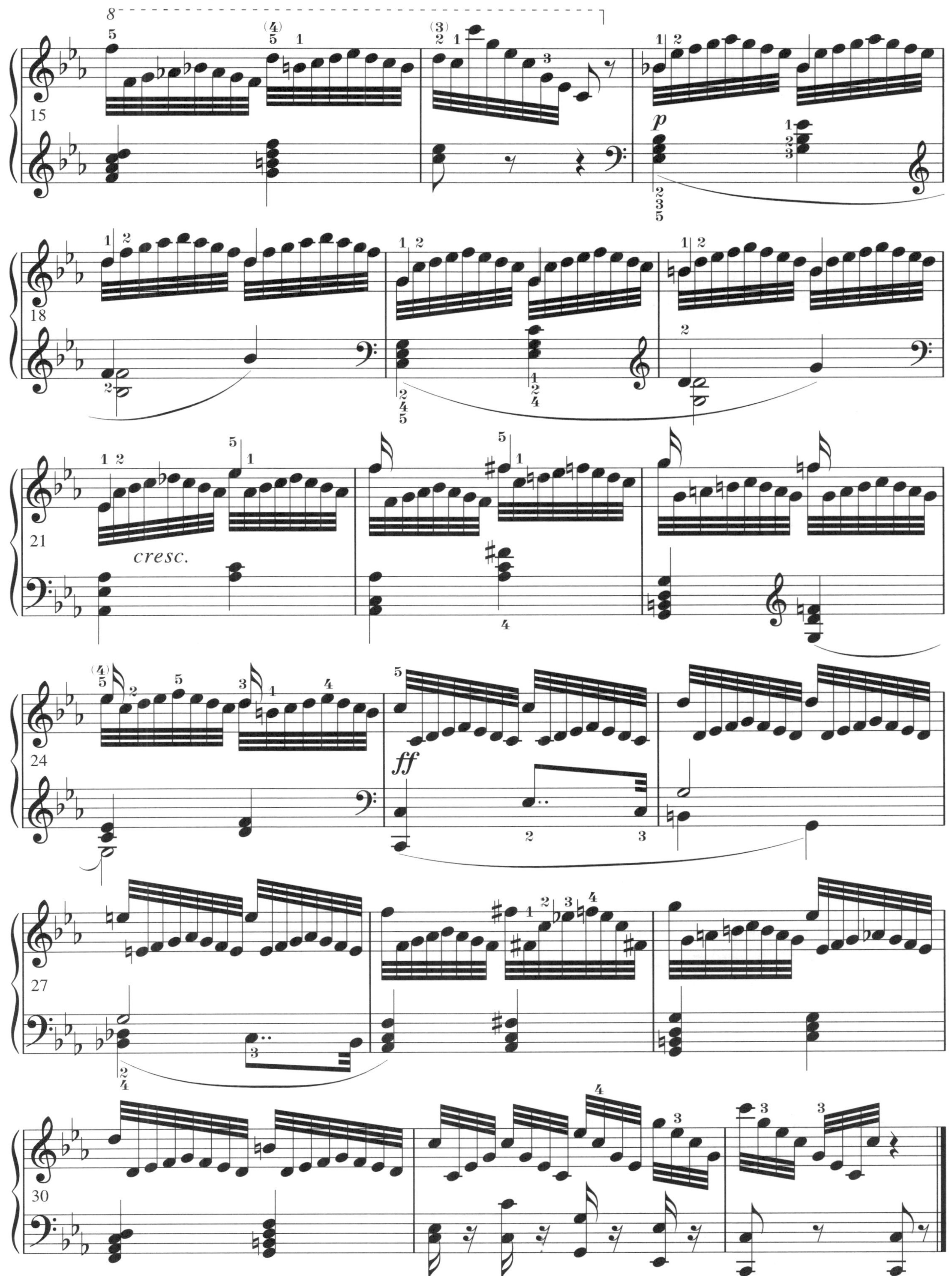

Molto allegro (♩=96)
sempre simile
22
p
4 3 2 1 4 3 2 1
①
1
2
5
5
4
8
cresc.
f
dimin.
3
4
8
(3)
2 4 3 1
6
p
2
4
②
4
4
4
5
5
3
4
2
5
p
9
sempre simile
4 3 2 1
4
4
5
4
11
cresc.

14
dimin.
p
17
4 3 2 1 4 3 2 1
4 3 2 1 4 3 2 1
20
23
simile
cresc.
26
f
sf

Molto allegro (♩.=63)

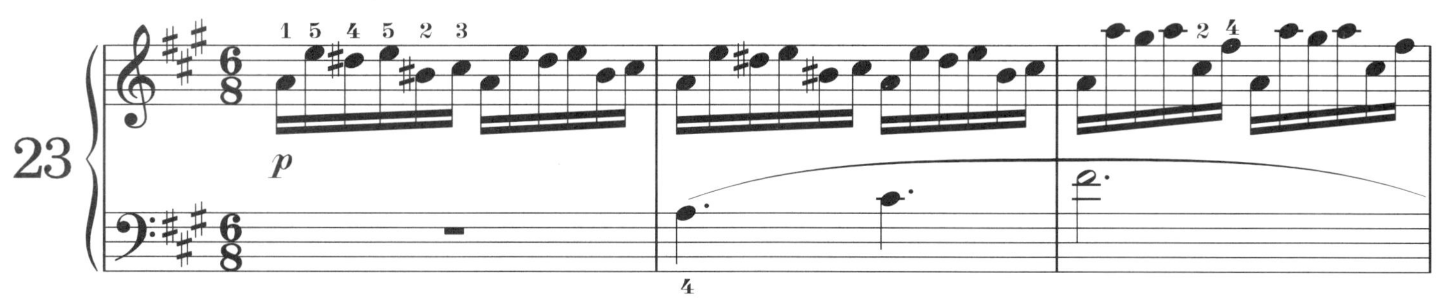

23
p

cresc.

dimin.
leggiero
p

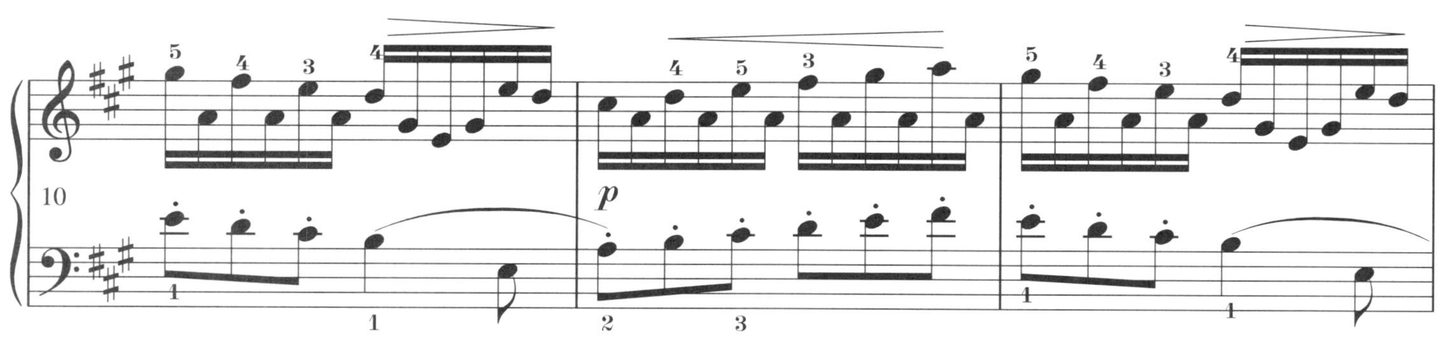

p

p
cresc.   poco   a   poco

Molto allegro (♩=108)

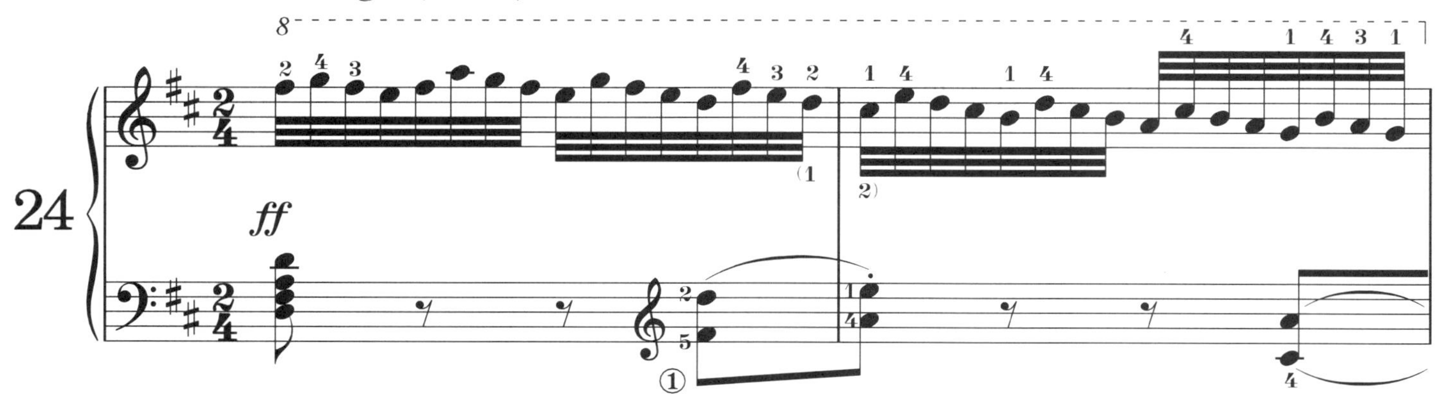

24
ff

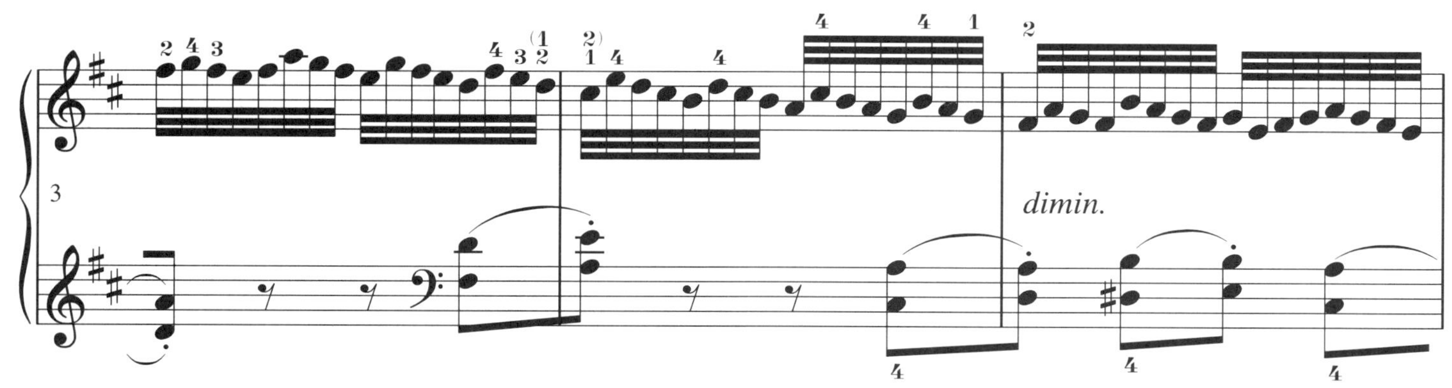

dimin.

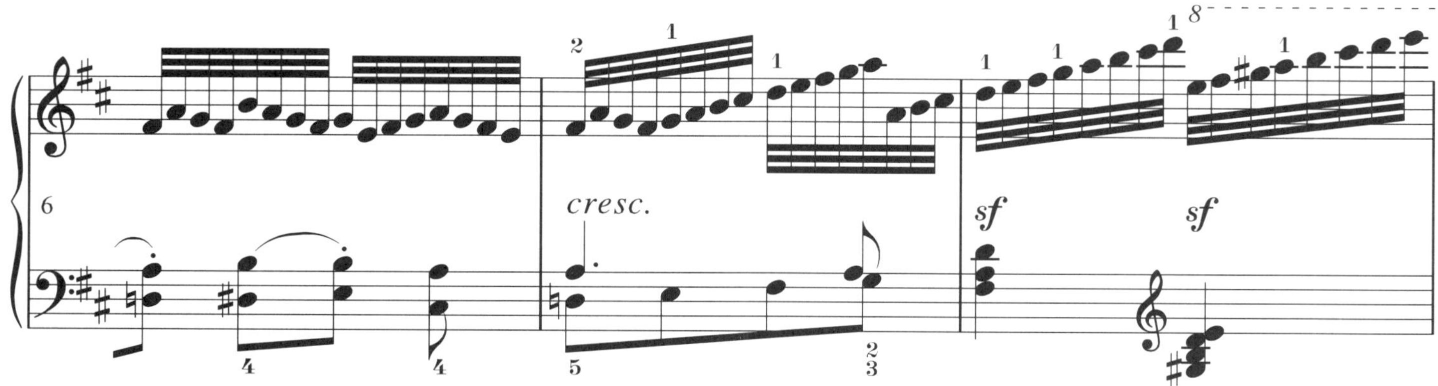

cresc.
sf
sf

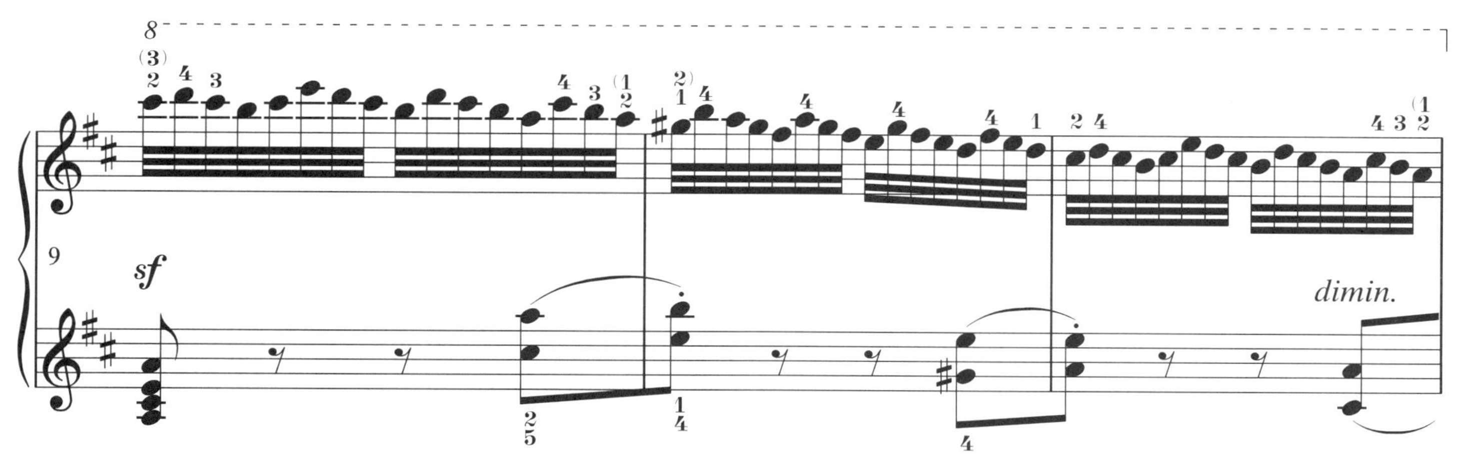

sf
dimin.

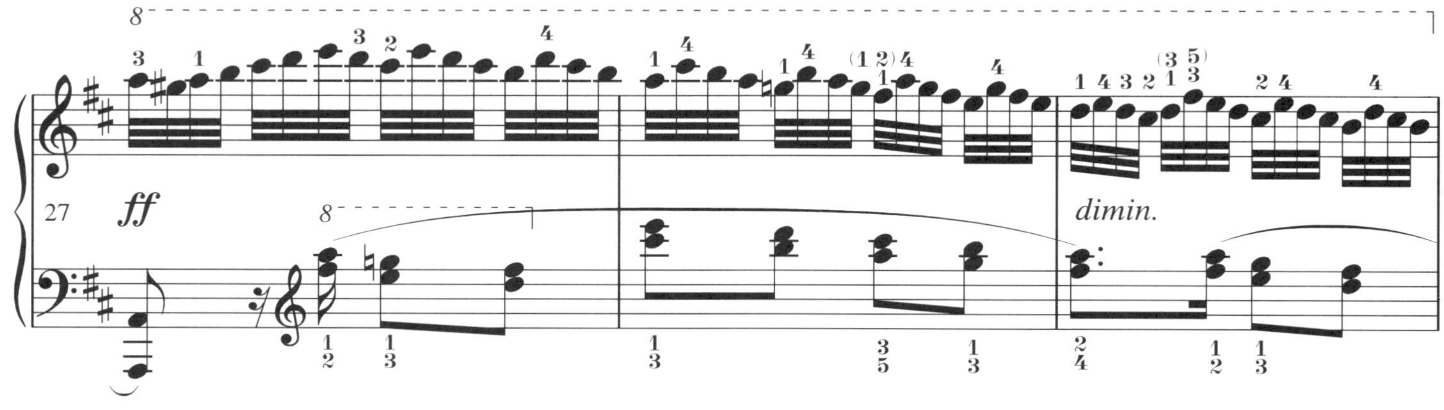
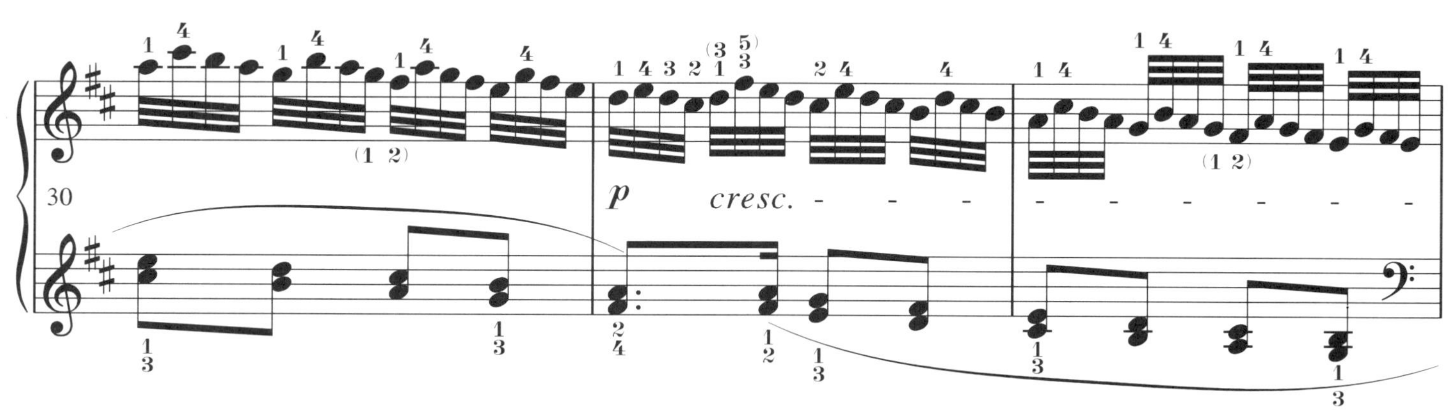
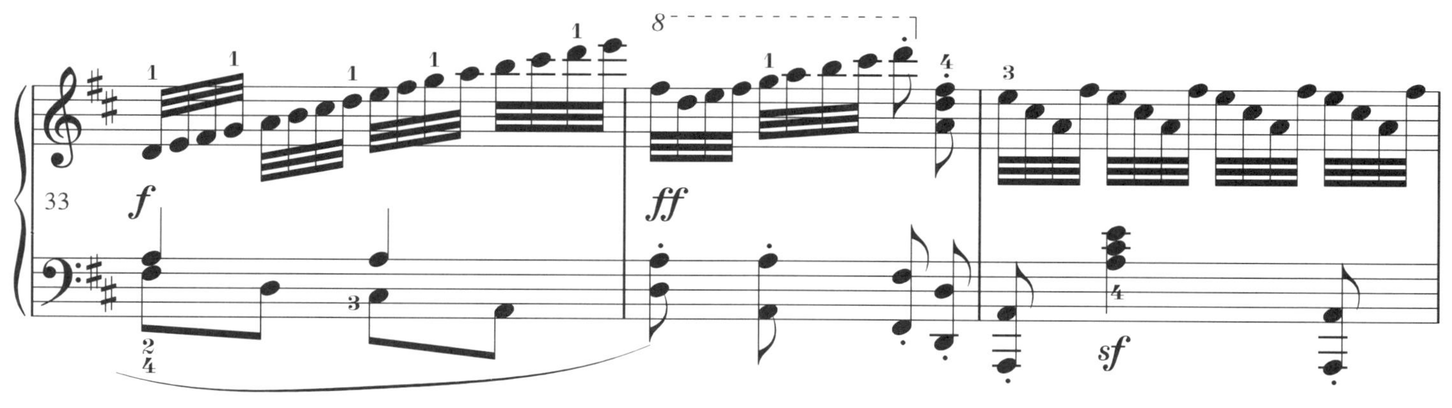
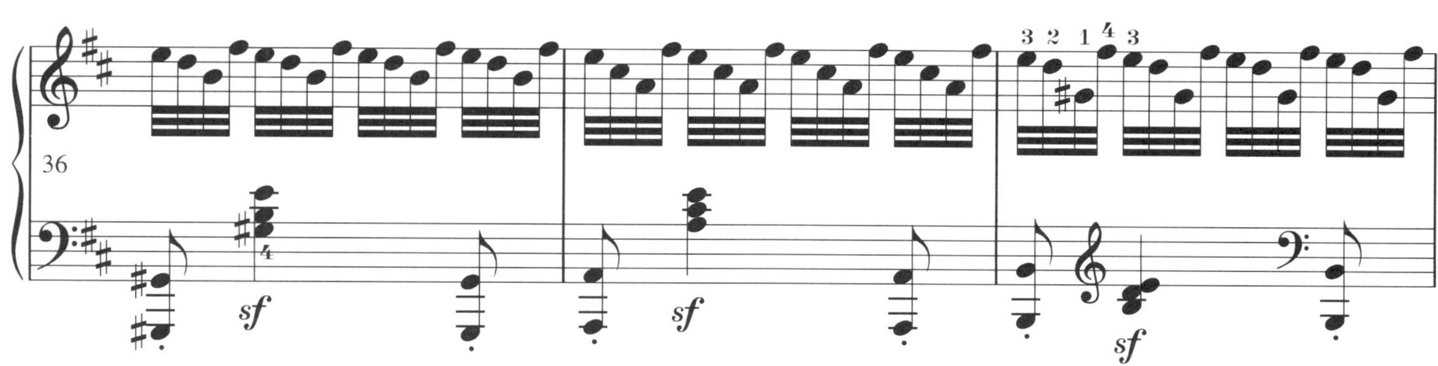

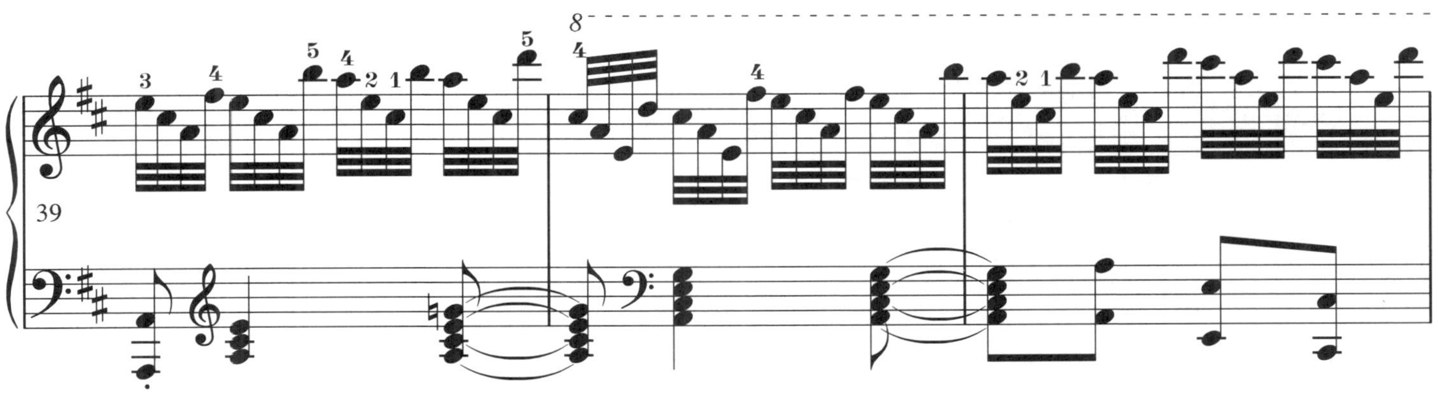
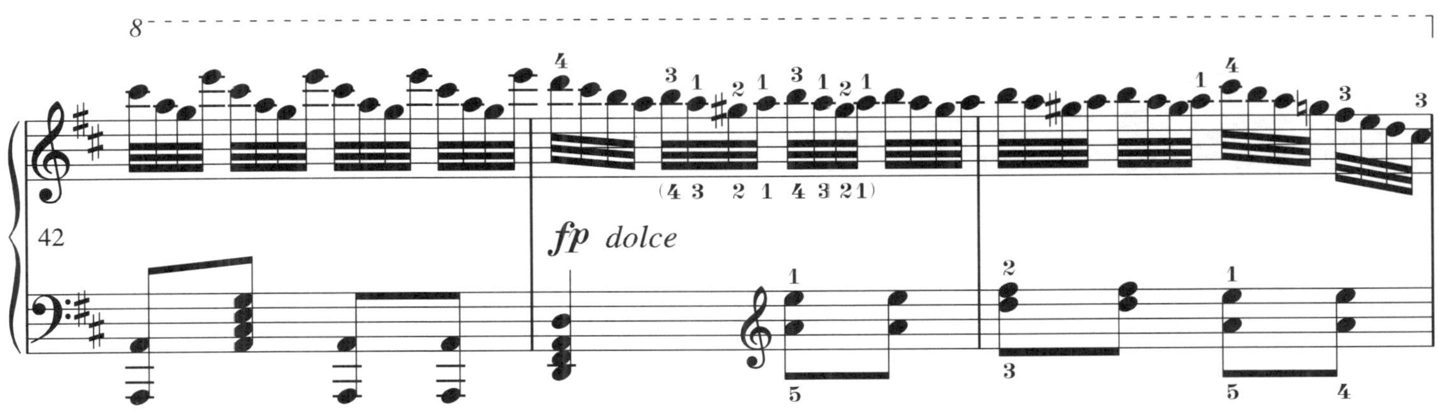

fp dolce

cresc.

f
ff

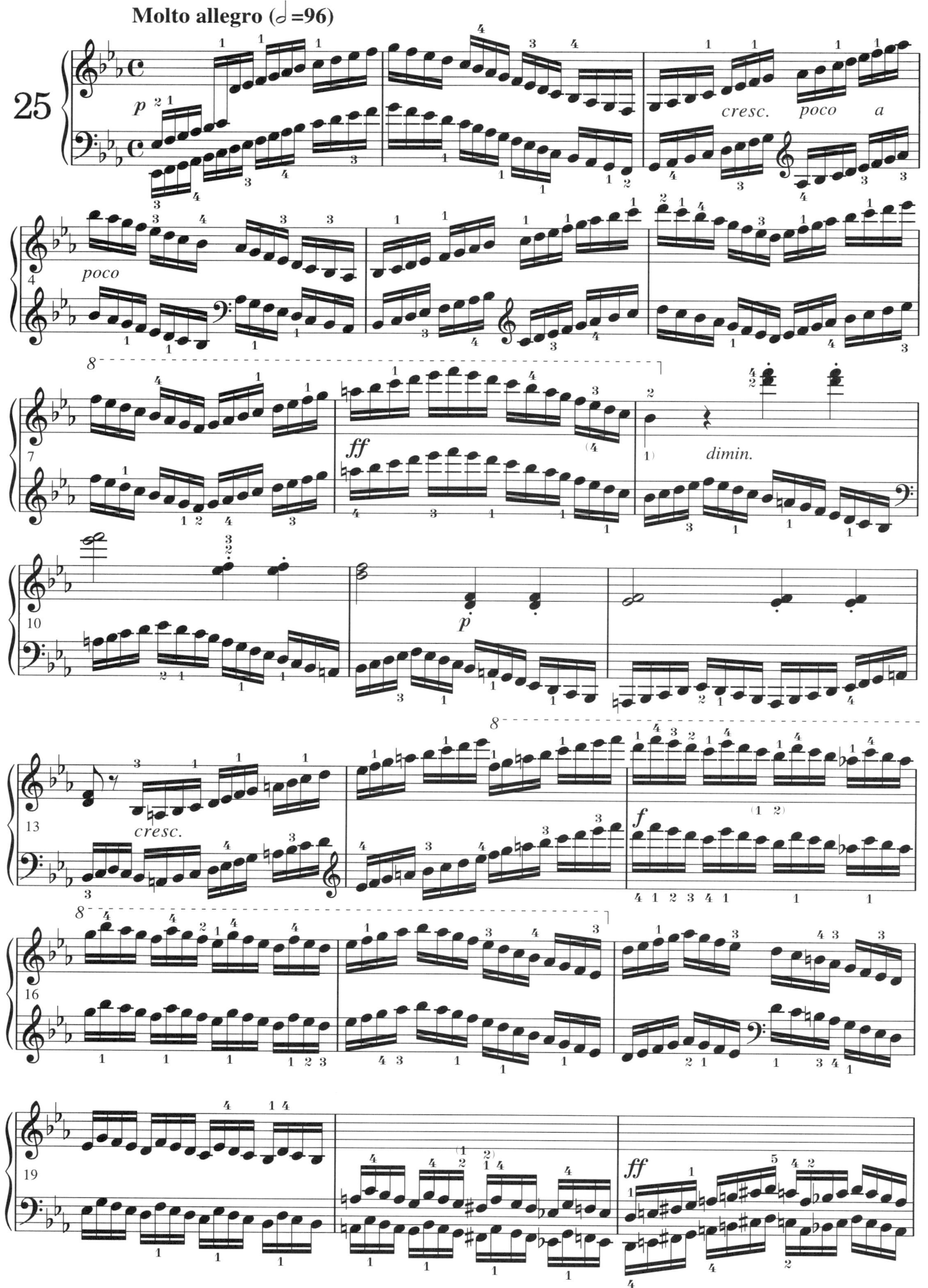
Molto allegro (♩=96)
25
p
cresc. poco a
poco
ff
dimin.
cresc.
f
ff
p

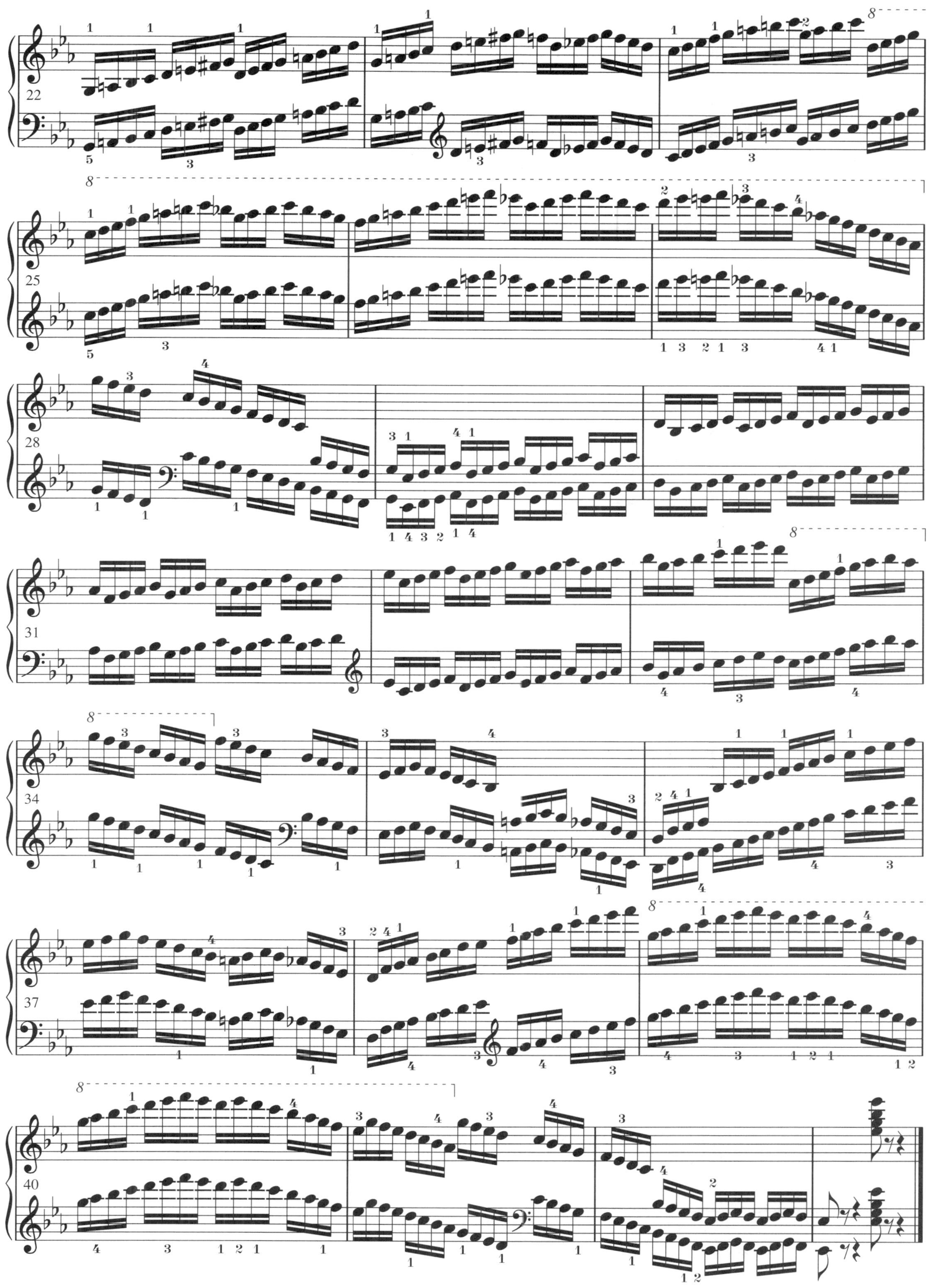

26

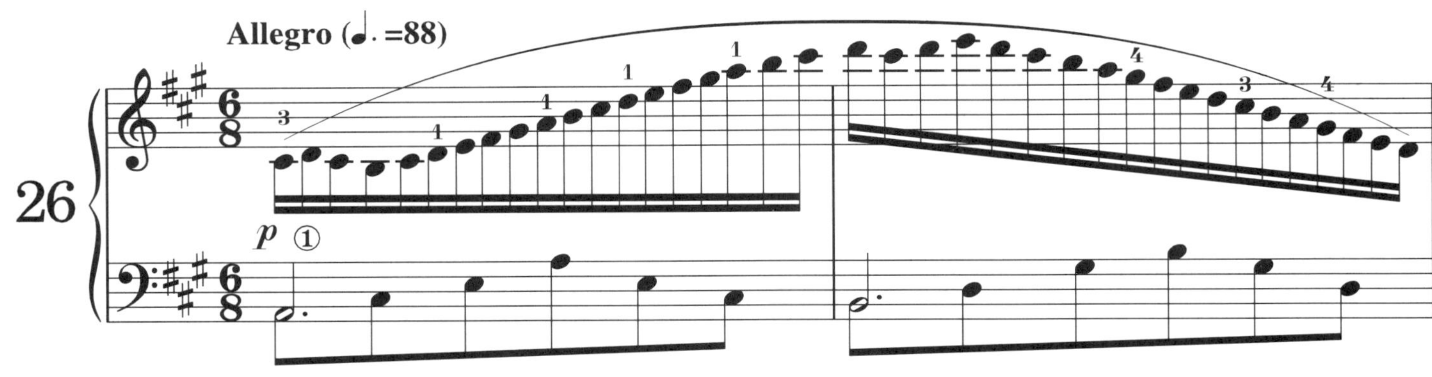

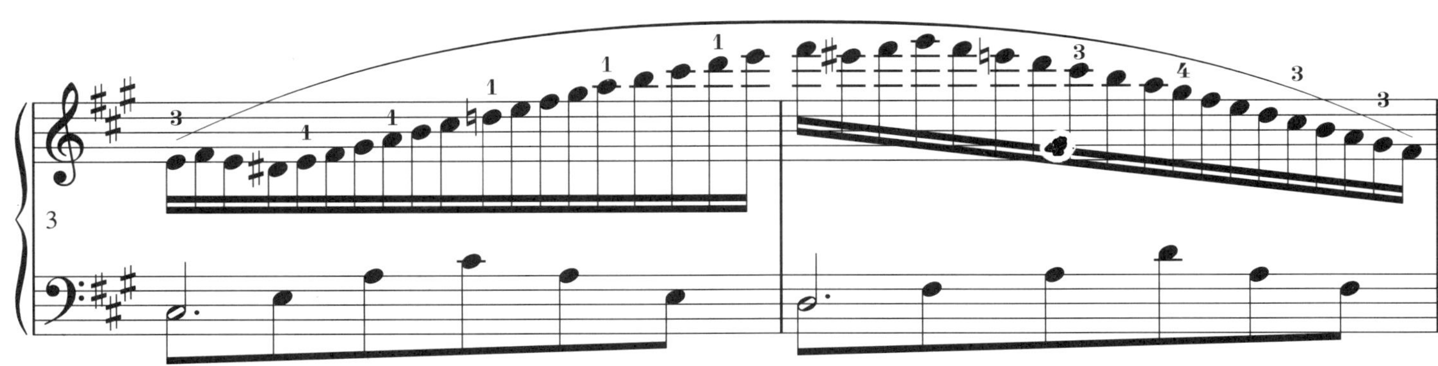

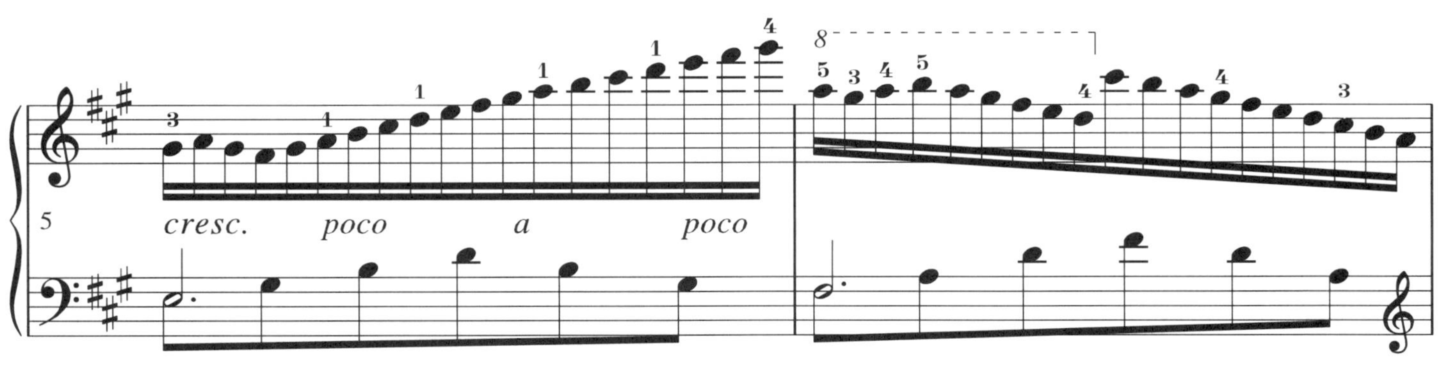

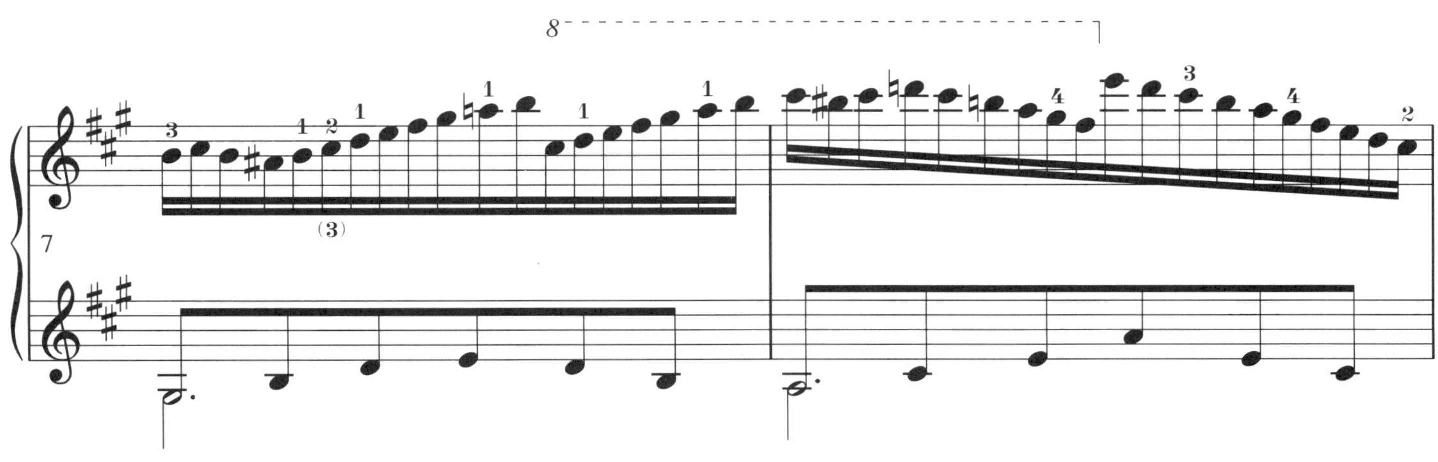

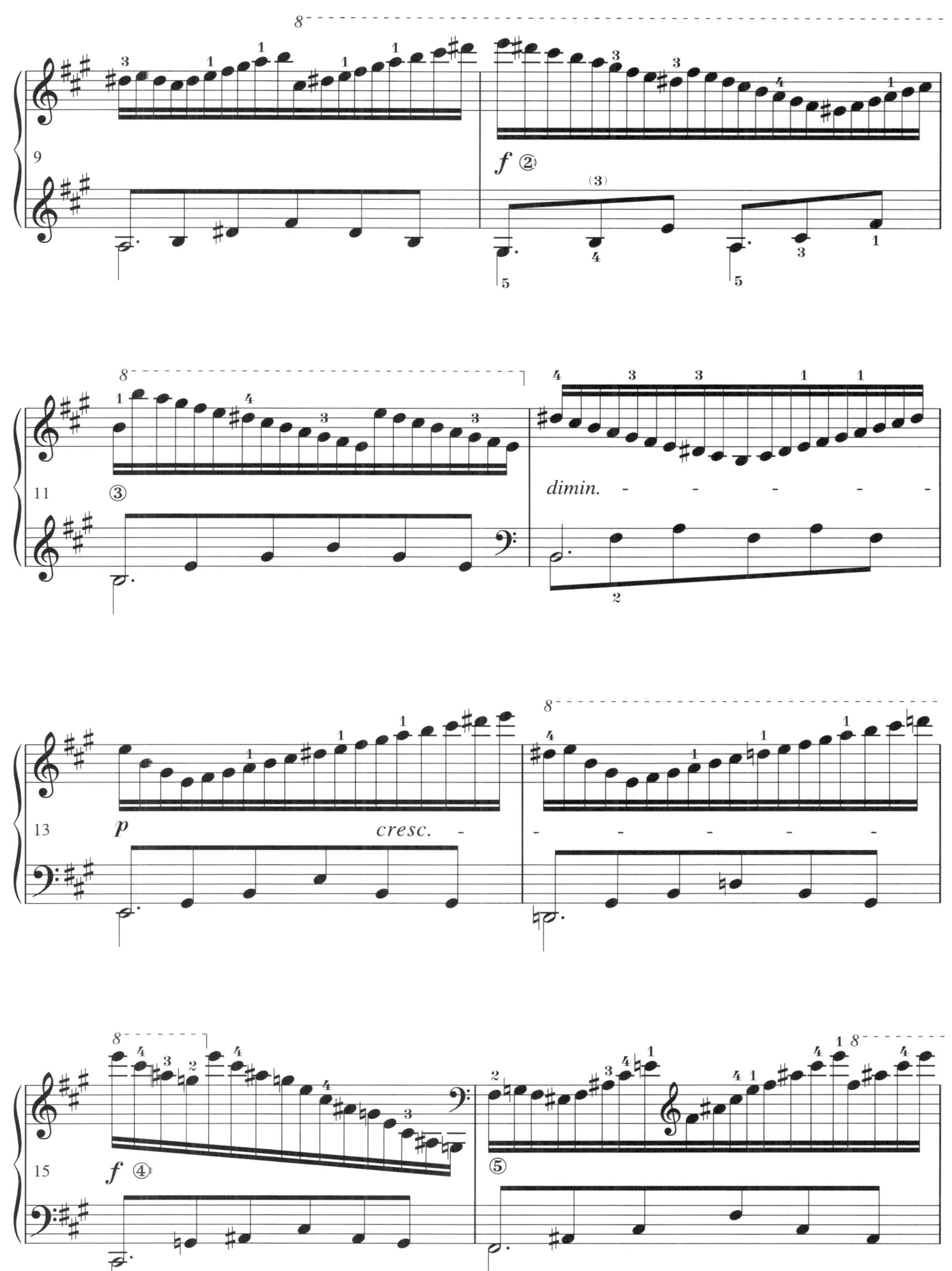
f
dimin. - - - - -
p
cresc. - - - - -
f

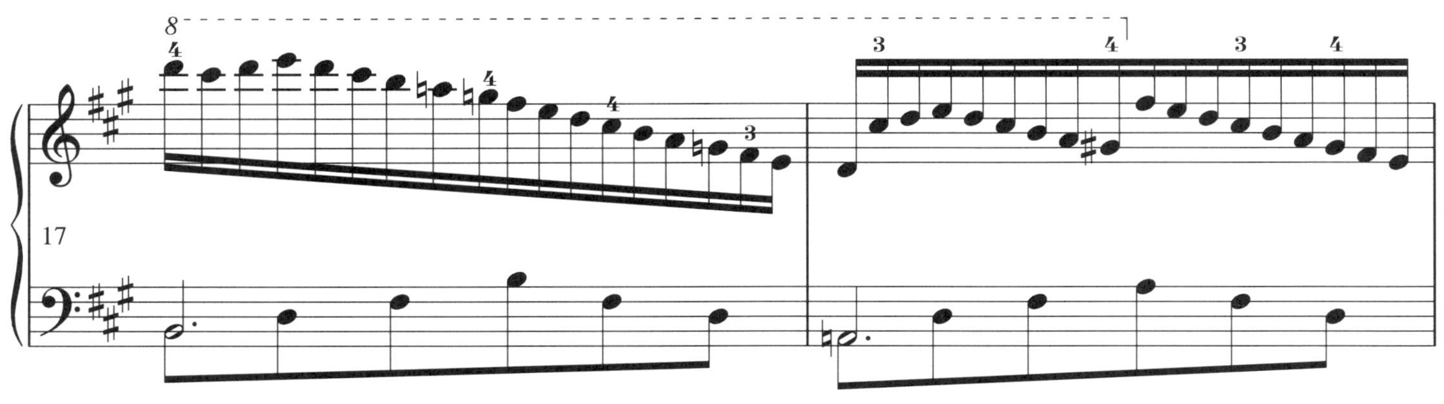

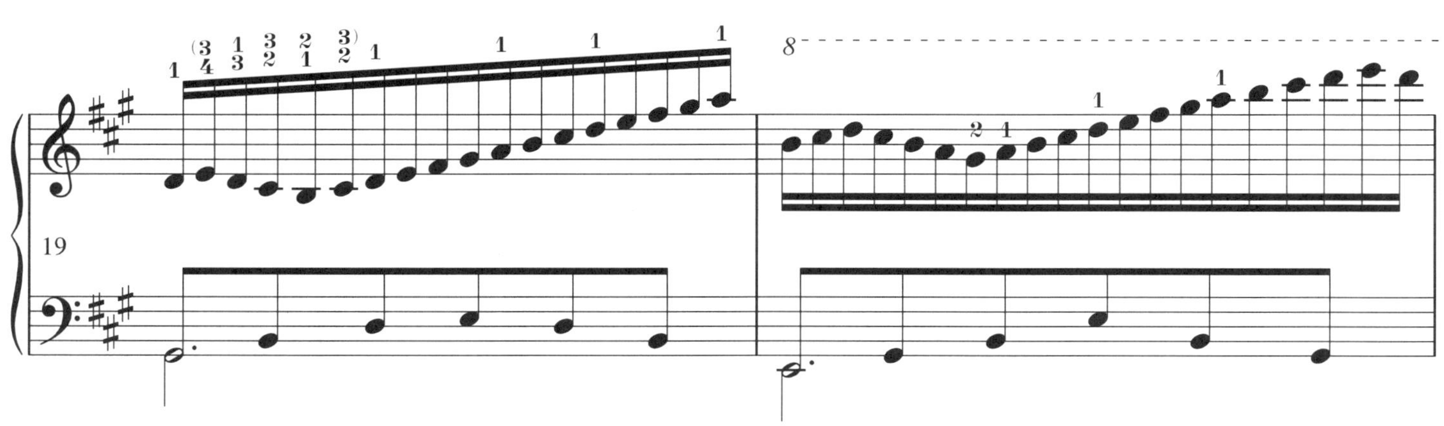

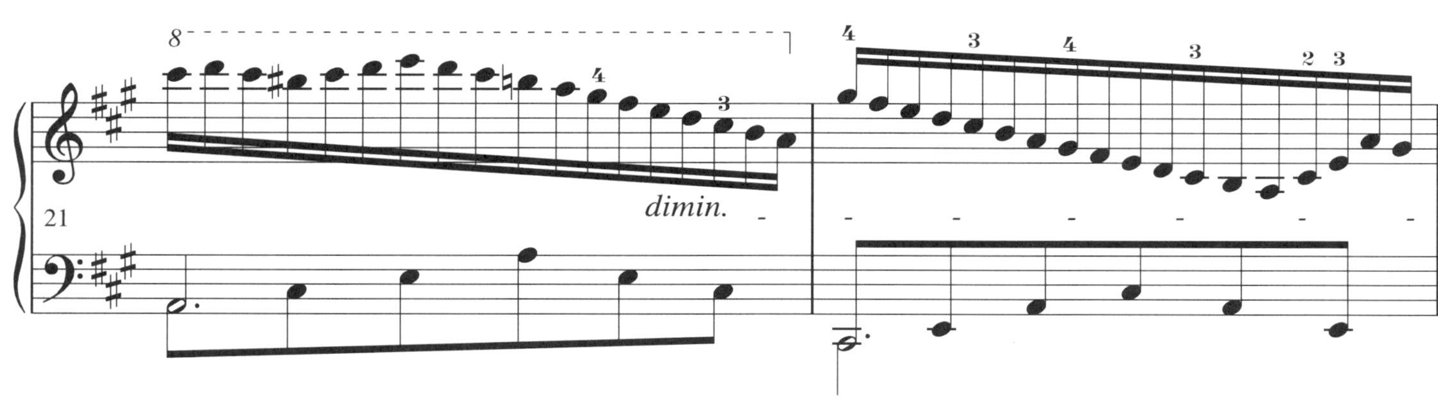
dimin.

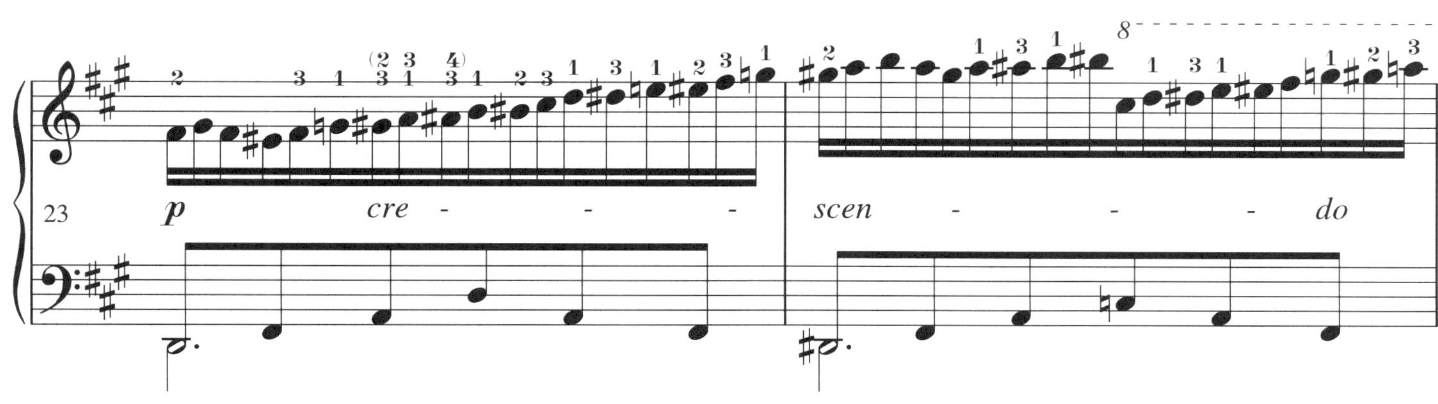
p
cre - - - scen - - - do

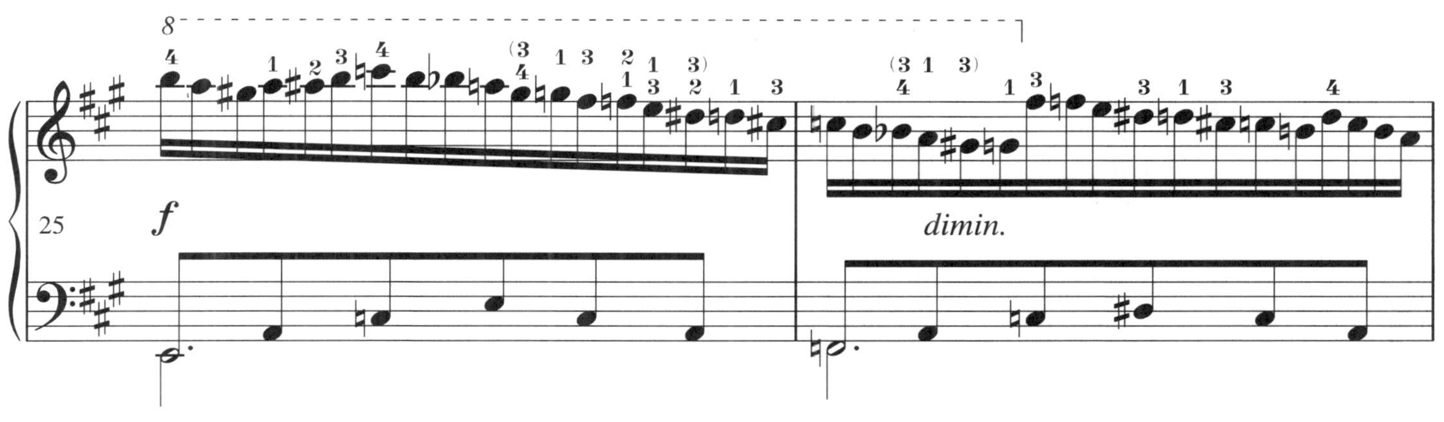
8
f
25
dimin.

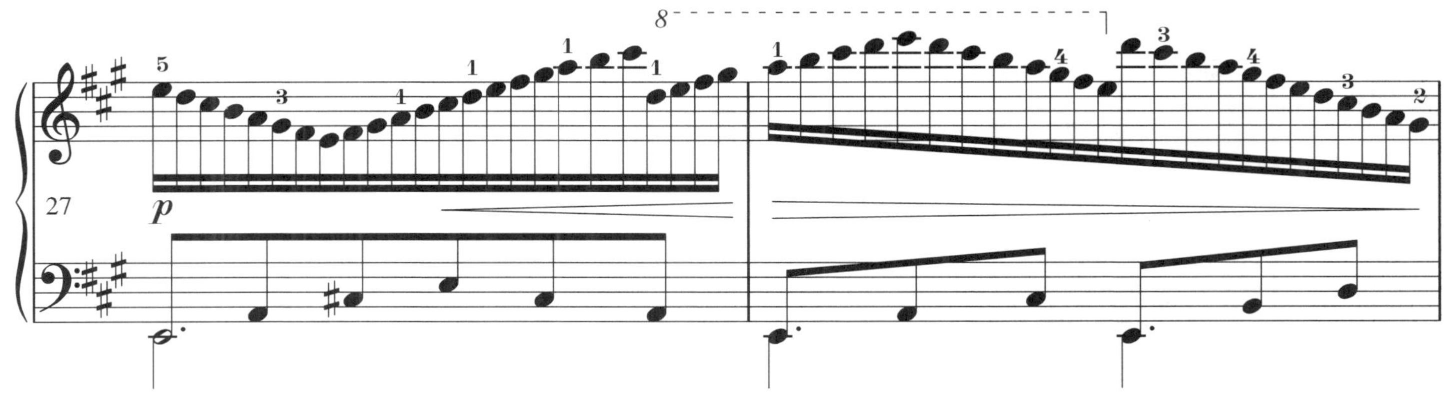
p
27

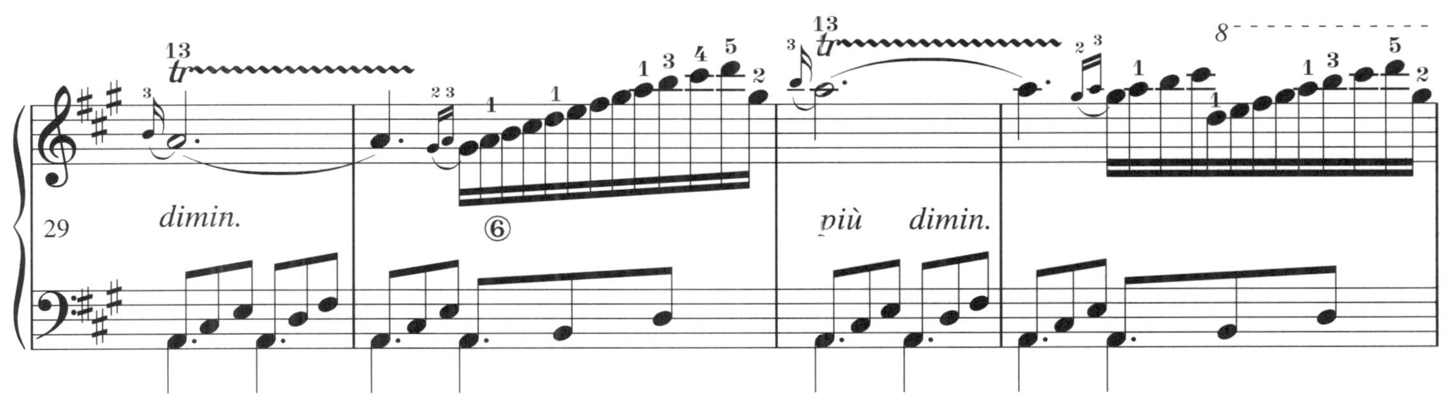
tr
tr
13
13
dimin.
29
più dimin.

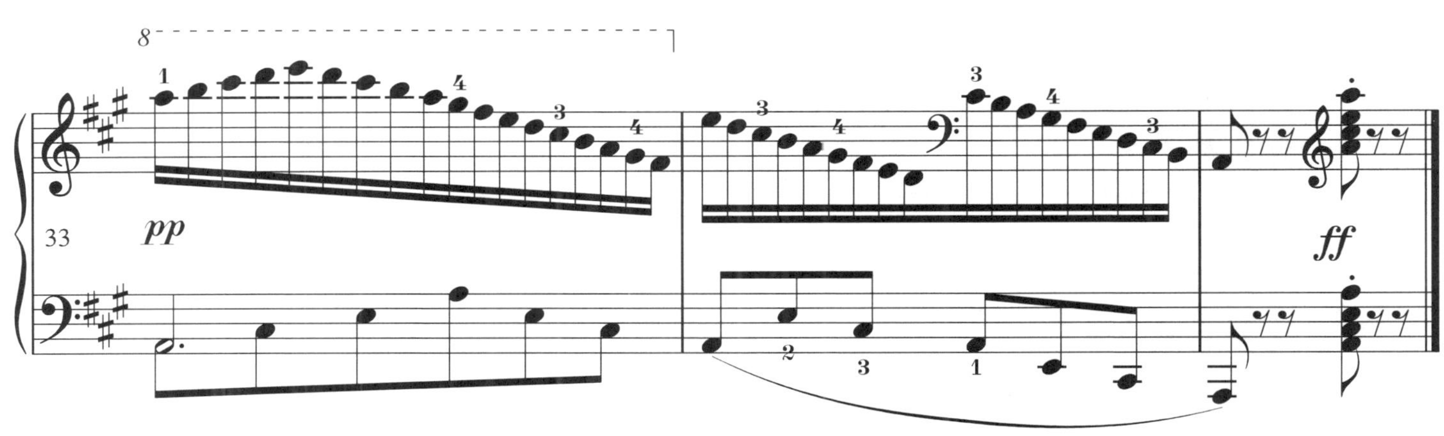
8
pp
33
ff

Presto (♩=92)
cantando
pp
27

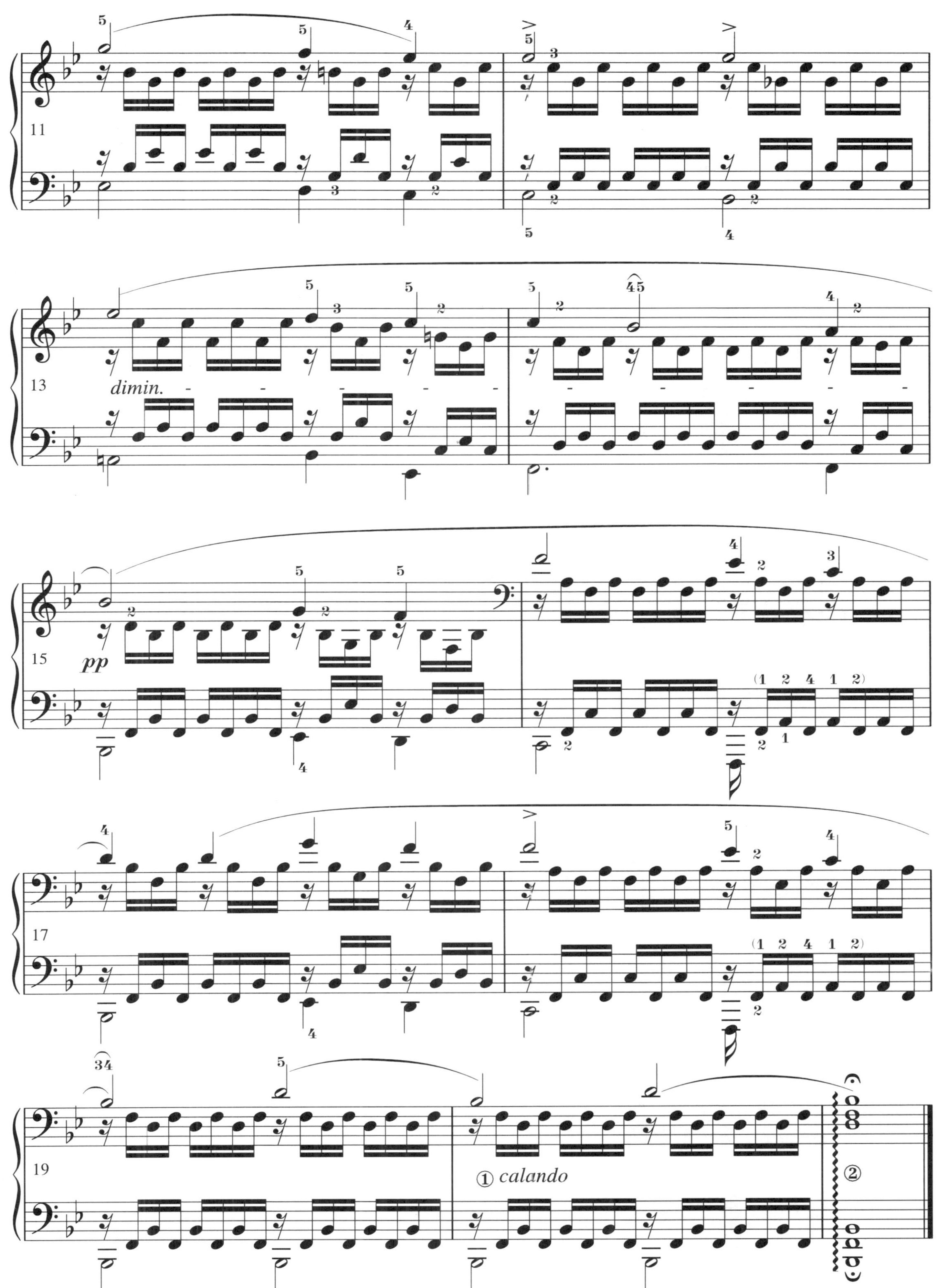

11
13
dimin.
15
pp
17
19
calando

28
Presto (♩=76)
p
cresc. -
8
dimin. -
cresc. poco a poco
f

sempre simile
p
cresc. poco a poco
f
ff
sf

29

Molto allegro ($\quarternote$=100)

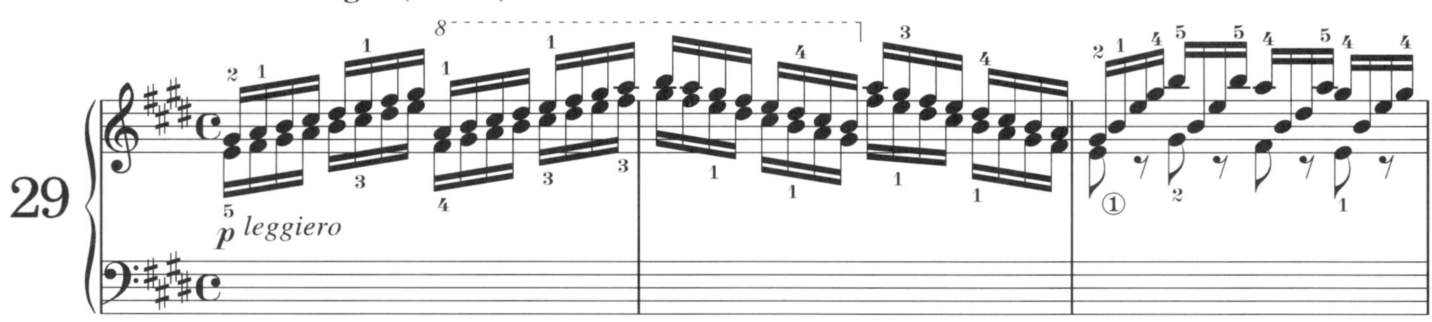

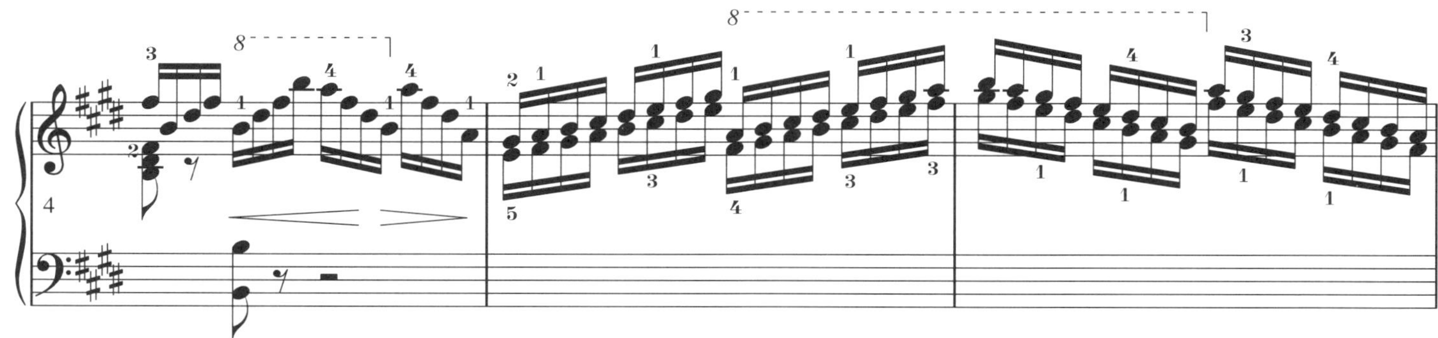

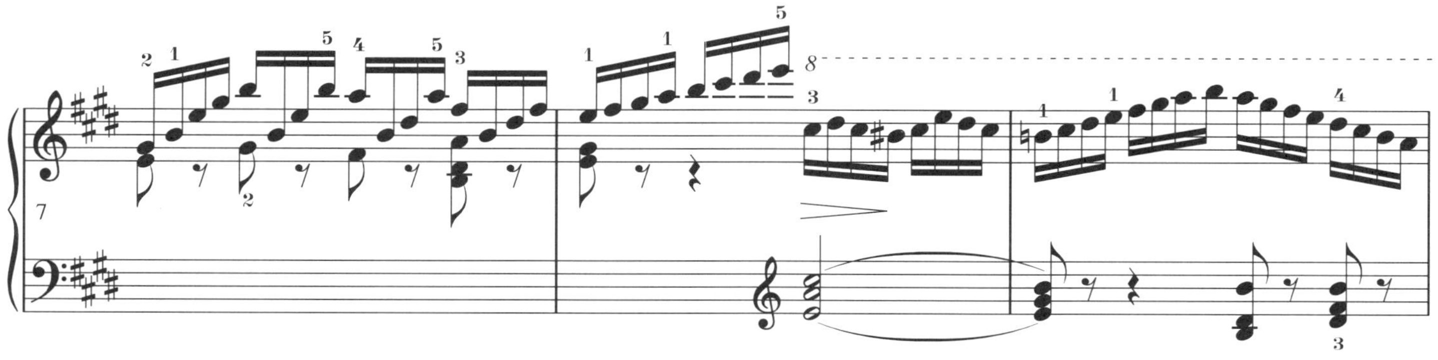

16
8
19
dimin. poco a poco
22
p
cresc.
8
25
f ②
dimin.
p ③
cresc.
f ④
ff fz
28

Presto volante (♩.=69)
30
ff

Die Schule der Geläufigkeit

C. Czerny op.299

Presto volante (♩=100)
32
f ①
sf
sf
ff
sf
f ②
sf
sf
sf
sf
sf
sf

Molto allegro e veloce (=138)
33
fp
cresc.
f
dimin.
p dolce
cresc.
f
sf
sf
ff
sf

Allegro molto vivo ed energico (♩=88)
34
ff
sf
sf
te - - - - - nu - - - to
ff
sf
sf

sf
f te - - - - nu - - -
sf
- to
sf
sf
sf
ff
fz
dimin.

legato
dolce
pp
p
cresc.
f
fz
sf
sf
sf
sf
ff
sf
sf
sf
8

Allegro vivacissimo (♩. =108)

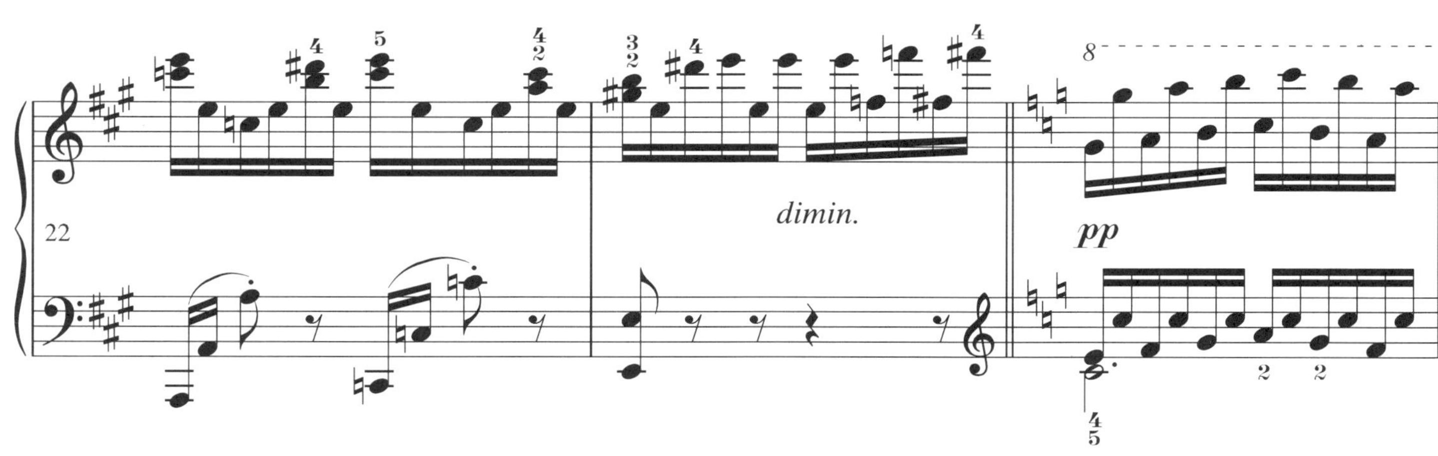

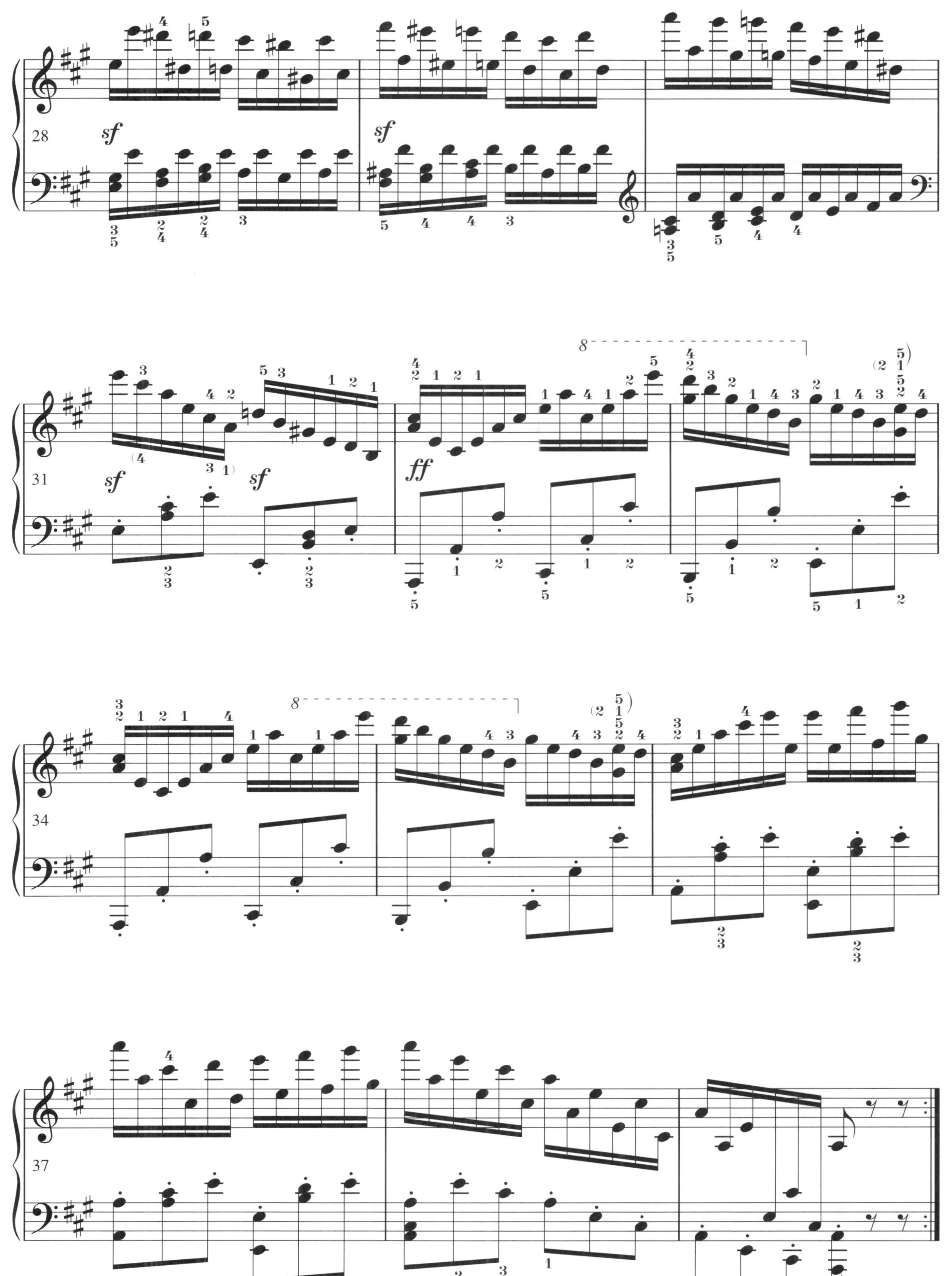

Presto (♩=88)
36
ff
sf
sf
①

Molto allegro e giocoso (♩=96)

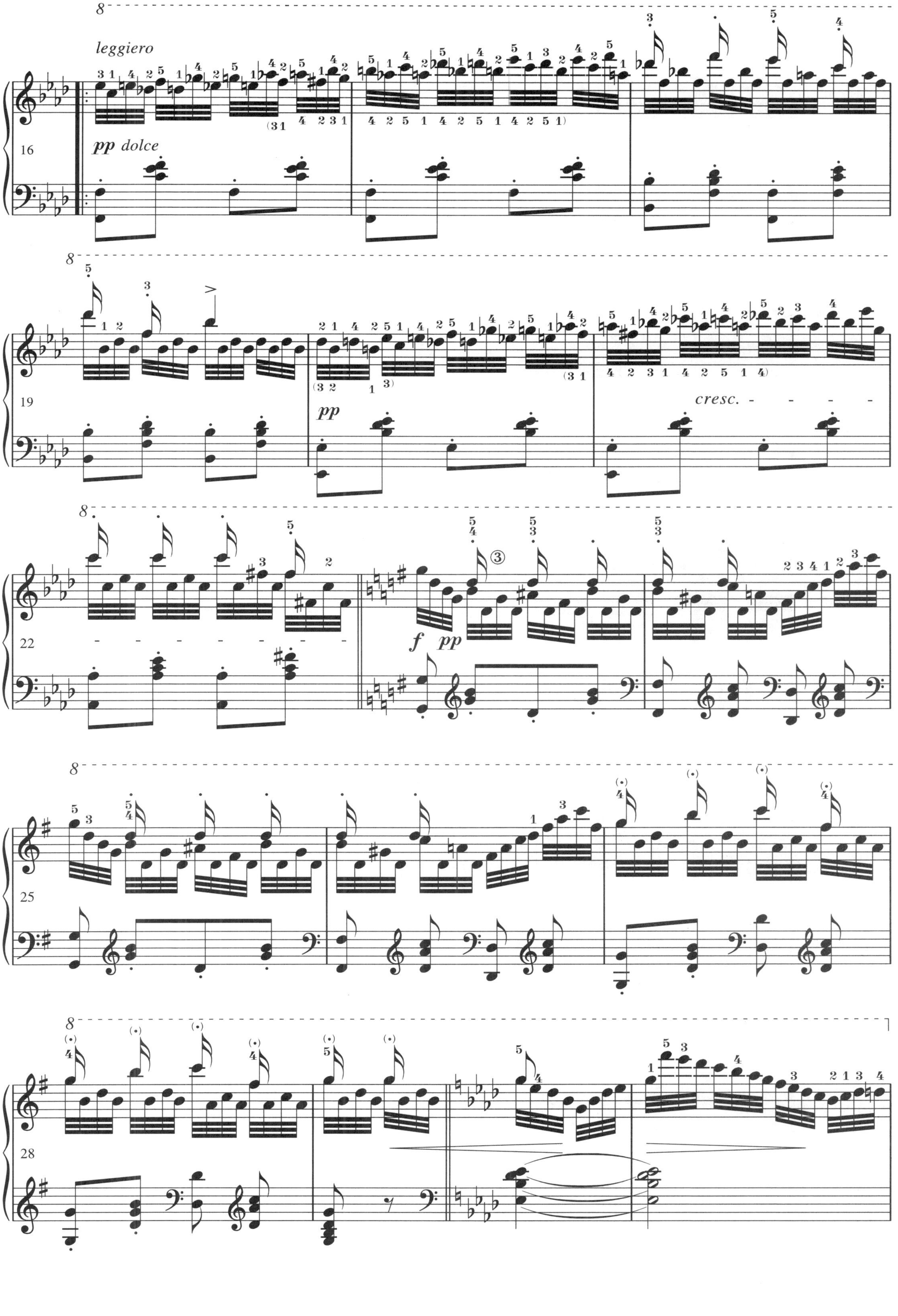
leggiero
pp dolce
16
19
pp
cresc.
22
f pp
25
28

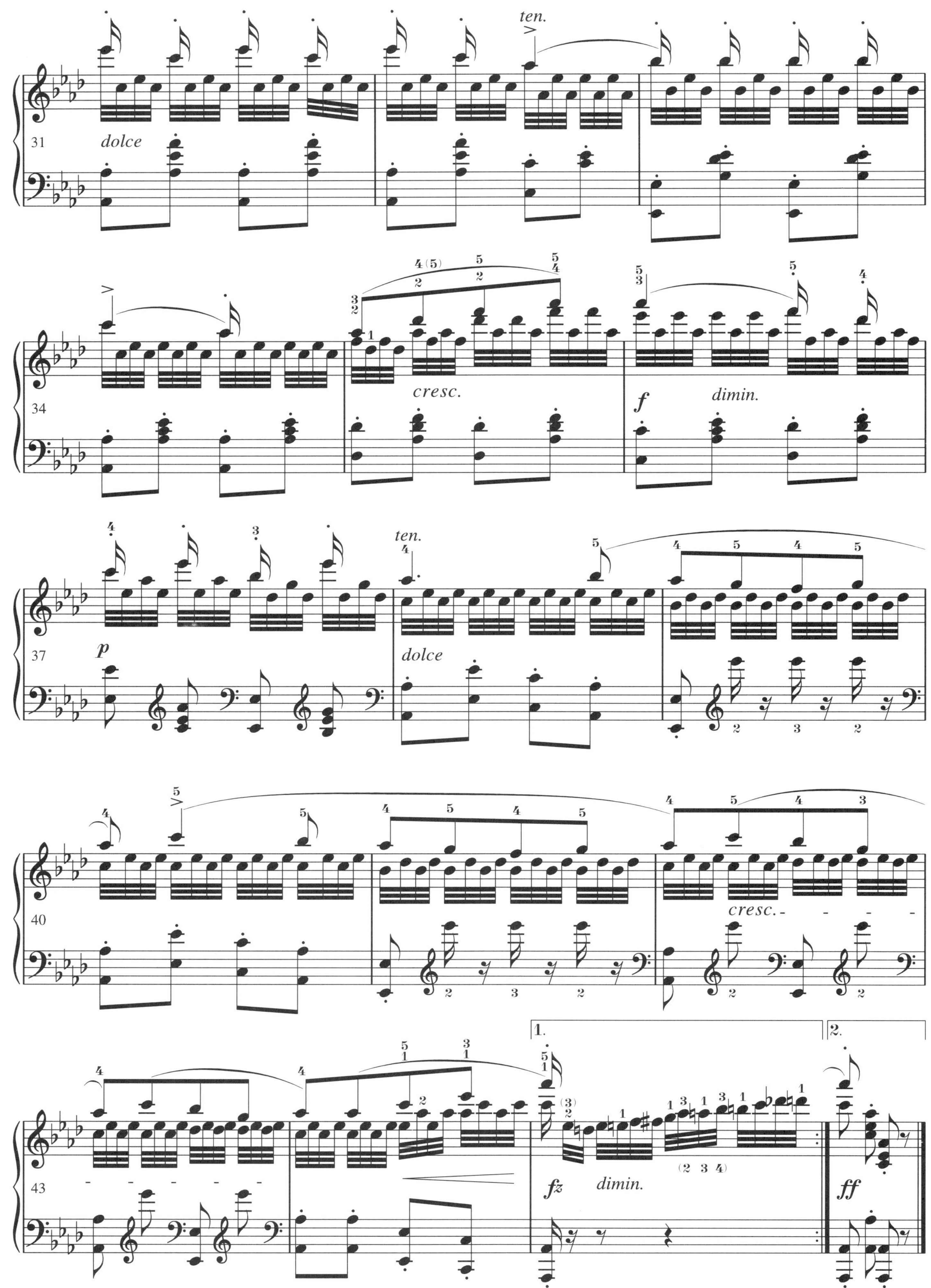

Molto allegro, quasi presto (♩=84)
38
dimin.
f
p
dimin.
f
p
fp
fp
p
f
sf

p dolce
cresc. poco a poco
f
sf
ff
sf
sf
sf
sf
sf
sf
sf
8

Presto (à la Galopade) (♩=104)

Allegrissimo, quasi presto (♩=120)
40
p
leggiero
6
6
cresc.-
f
ff
sf
sf
sf
sf
p

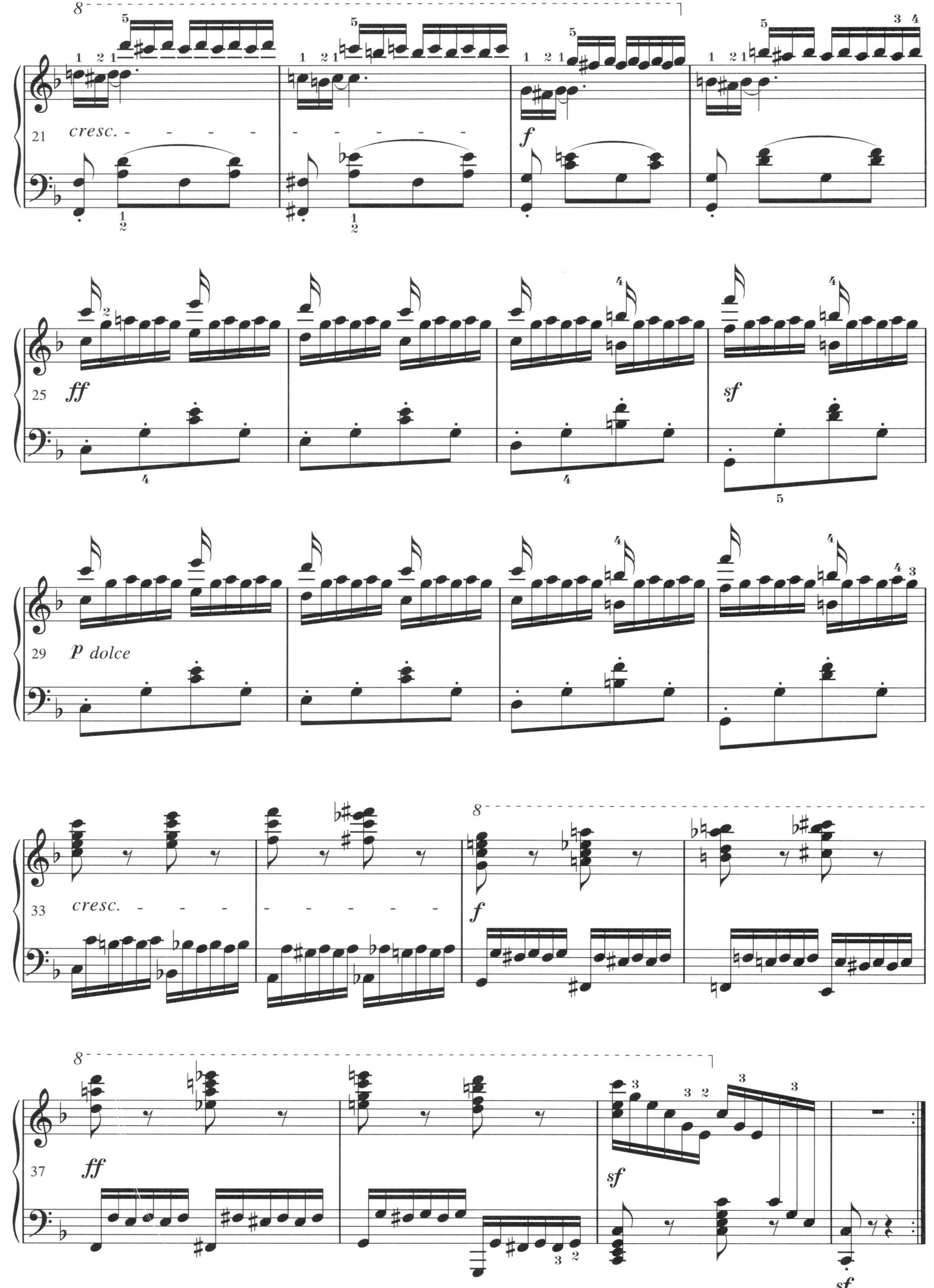

ten.
ten.
41
f
sf
45
sf
sf
dimin. - -
48
p leggiero
8
51
8
54
cresc.
8
(1)
(3)

악곡 해설

제 1 번　Presto

오른손을 위한 음계 연습곡이다.

①, ② : 음계를 연주할 때, 팔 전체와 손가락 근육이 긴장하지 않도록 팔 근육의 적절한 이완, 그리고 팔의 무게 등을 효과적으로 사용하여서 연습하도록 한다.

제 2 번　Molto allegro

왼손을 위한 음계 연습곡으로, 1번과 같은 방법으로 연습한다.

① : 다음과 같이 오른손 선율만 연습해 보자.

② : 먼저 3번 손가락을 5번 손가락으로 바꾼 후, 곧이어 3번 손가락이 1번 손가락의 건반을 짚는다. 이 '손가락 바꾸기'는 순간적으로 이루어져야 하므로 익숙해질 때까지 반복 연습한다.

제 3 번　Presto

한 옥타브 안에서의 아르페지오 연습곡이다. 정확한 손가락 번호의 사용으로 손가락 사이의 간격을 넓히는 연습을 해야 한다.

① : 유연한 10도 도약(파→레)이 되도록 하여 '레' 음에 악센트가 들어가지 않게 한다.

② : 5번 손가락을 칠 때 1번 손가락에 힘을 주어 들어올리지 않도록 유의한다.

③ : 왼손의 선율을 잘 표현하도록 한다.

제 4 번　Presto

3, 4번 손가락을 사용한 돈꾸밈음 연습곡이다.

다음과 같이 연습을 한 후, 익숙해지면 생략된 음을 모두 포함시켜서 원래의 악보대로 쳐 본다.

① : 언제나 ♪표에서는 손목을 약간 들어 올려 손가락의 힘을 풀어준 뒤, 4번 손가락이 자유로운 터치를 준비하도록 한다. (1~8마디)

② : ♪.에서 4번 손가락을 준비한다.(9~14마디)

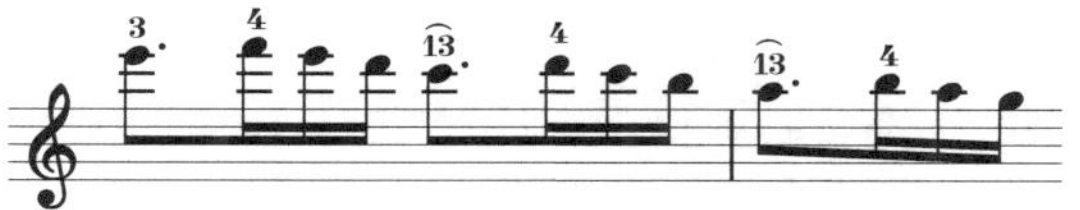

③ : 4번 손가락을 친 후 팔을 곧 부드럽게 하여 다음 음인 1번 손가락으로의 연결을 준비한다.(15~23마디)

위의 연습은 왼손과도 함께 쳐 본다.

제 5 번　Molto allegro

양손의 음계 연습곡이다.

① : 저음의 순차 진행을 잘 듣도록 한다.

② : 부드러운 연결이 되도록 슬러에 유의한다.

③ : 2성부 레가토 선율이다. 특히 알토 성부의 1번 손가락이 부드럽게 연결되도록 한다.

④ : 병행하는 음계의 그룹이 이루는 선율은 다음과 같다.

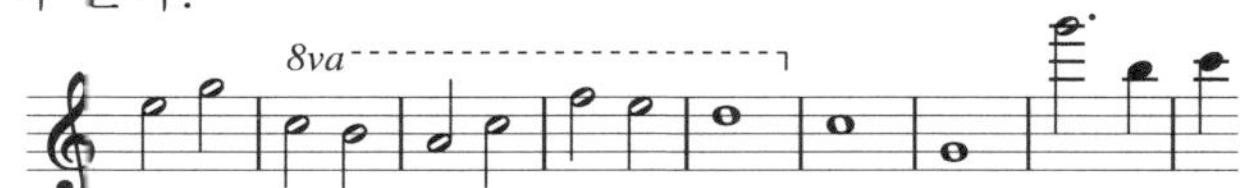

⑤ : 윗성부의 선율이 명확한 터치와 음색으로 다른 음과 구별될 수 있도록 한다.

제 6 번　Molto allegro

오른손 손가락의 힘과 손목의 유연성을 여러 가지 음형을 통해서 기르는 연습곡이다.

왼손 동작의 리드미컬한 연결과 함께 화음의 윗음을 명확하게 소리내어 맑고 가벼운 음색이 되도록 한다.

① : 각 음형의 첫음이 구별된 선율의 흐름으로 잘 나타나도록 한다.

제 7 번 Molto allegro

앞 6번의 오른손 연습이 왼손에 나타난다.

① : 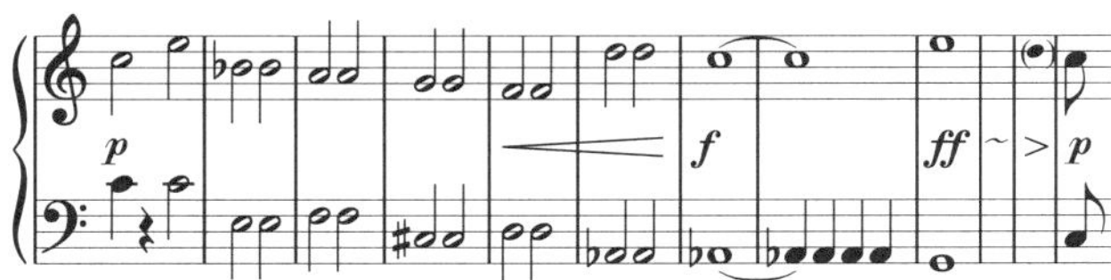 〜 (제1마디)는 아래팔을 하나로 하여 가볍게 던지듯 *p* 로 연주하며, 〜 (제9마디)포르타토는 팔의 무게를 실어 울림을 길게 하여 *f* 로 연주한다.

② : 4분음표 저음부의 음길이가 충분히 유지될 수 있도록 연주한다.

제 8 번 Molto allegro

음계, 펼침화음 등 지금까지 공부한 내용을 복합적으로 반복하는 연습곡이다.

① : 왼손은 시작 부분의 쉼표를 정확히 지켜 제박자에 들어가도록 한다.

② : 다음 악보는 양손 선율의 흐름을 나타낸 것이다. 선율선을 잘 표현할 수 있도록 다음과 같이 연습해 본다.

③ : 반복되는 오른손 '다' 음은 중요한 소리이므로 명확하게 들리도록 연주하고, 왼손은 첼로의 선율같이 부드럽고 고요하게 *dimin.*를 잘 살려서 연주한다.

④ : 작은 소리로(*pp*) 화음을 연주하는 것에 주의한다.

제 9 번 Molto allegro

5, 8도 내에서 주로 움직이는 양손 음계 연습곡이다. 한 손이 음계를 연주할 때 다른 한 손은 리듬 반주를 하게 되는데, 이때 ♪, ♩, ♩, ♩, ○ 등의 음길이를 정확히 지켜야 한다.

① : 양손이 음계를 주고 받으며 연주할 때 부드러운 팔의 교차가 이루어지도록 하며 왼손에 나오는 *f*, *p* 의 효과도 잘 나타나게 한다.

② : 2분음표로 연주하는 저음 성부가 잘 나타나도록 한다.

③ : 왼손 4번 손가락의 터치를 명확하게 한다.

④ : *p* 에서 바로 *ff* 로 연주되는 화음을 잘 나타내도록 한다.

제 10 번 Molto allegro

왼손의 펼침화음에 의한 반주 음형을 연습하는 곡으로, 알베르티 베이스를 발전시킨 것이다.

Alberti Bass(알베르티 베이스)란, 아래와 같이 펼침화음으로 반주하는 형태를 말하는데, 이것은 이탈리아 작곡가인 D. Alberti(1710-1740)가 처음으로 즐겨 썼다고 해서 그의 이름이 붙여진 것이다.

(이것은 왼손만이 아니라 오른손에도 사용된다.)

★ 예비 연습 ★

모든 펼침화음을 하나의 화음으로 연주해 보면, 오른손 선율과 함께 곡의 전체적인 흐름을 쉽게 파악할 수 있다.

① : *con anima*(생동감 있게)라는 나타냄말처럼 왼손의 *legato* 반주와는 다른, 구별된 음색의 선율로 시작되어야 한다. 특히, 꾸밈음 (♪)이 아닌 4분음표 선율에 악센트가 있음을 주의한다.

② : 왼손이 10도의 넓은 음정으로 뛸 때, 1번 손가락에 악센트가 들어가지 않도록 주의한다.

③ : 다음 악보와 같이 트릴을 고르게 연주한다.

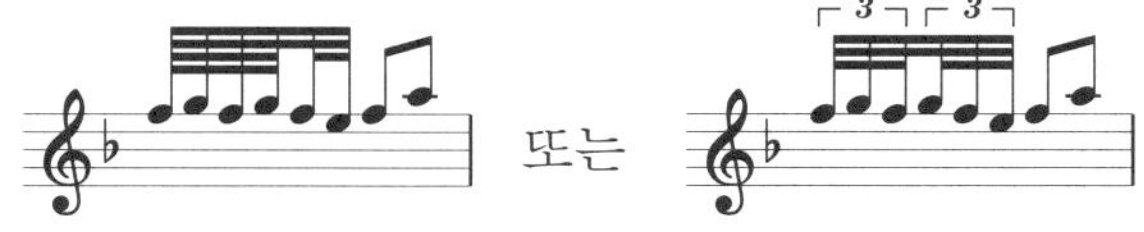

④ : 저음의 음길이 (♩.)에 주의한다.

⑤ : 윗성부의 음절을 정확히 연주하며, 아랫성부의 겹음은 부드러운 연결이 되도록 한다.

⑥ : 오른손 는 *pp* 에서의 악센트이므로 너무 크지 않게 한다.

제 11 번 Presto

오른손이 분산된 3도 겹음을 치는 연습곡이다. 모든 손가락이 각각 독립적이고 명확한 터치가 되도록 하여 음형과 음형이 음악적으로 연결되도록 한다.

★ 예비 연습 ★

3도 화음으로 연습해 본다.

(악보의 손가락 번호는 그대로 사용한다.)

① : 1번 손가락에 악센트가 붙지 않도록 유의한다.

② : 반복되며 상승 발전하는 선율의 흐름이 악상 기호와 함께 잘 표현되도록 다음과 같이 연습해 본다.

제 12 번 Molto allegro

2옥타브에 걸쳐 유니즌으로 연주하는 펼침화음 연습곡이다. 펼침화음의 기본적인 손가락 번호를 익숙해질 때까지 충분히 연습하여 고르고 매끄럽게 연주해야 한다.

곡 전체에 흐르는 화음의 진행을 느끼며 음악적 긴장감을 잘 표현하도록 한다.

① : 양손의 움직임은  으로 나타난다.

이처럼 병진행할 때의 손가락 번호와 동작은 양손의 구조상, 상반되게 나타난다.

제 13 번 Presto

펼침 옥타브와 펼침화음의 연습곡으로, 빠르게 주고 받는 양손의 운동이다. 연주시 3도, 10도 등 병행 선율의 흐름을 이해하면서 연주한다. 또한 오른손의 고른 리듬을 위하여 다음과 같은 예비 연습을 하는 것도 좋은 방법이다.

① : 왼손 주법은 *marcato*(한음 한음을 강조하여)이다. *p* 부분에서는 작은 움직임으로 손가락을 가볍게 던지듯 치지만 *f* , *sf* 부분으로 갈수록 팔의 힘과 무게 · 타건 속도 등을 높여 연주해야 한다.

② : 왼손의 옥타브 레가토는 특히 충분한 연습이 필요하다. 가능하다면 3, 4번 손가락도 사용하도록 한다.

★ 예비 연습 ★

1번 손가락만 먼저 레가토로 연습하고, 또 저음부만 따로 레가토로 연습해 본다.

③ : 중간 성부를 잘 들으면서 연주한다.

제 14 번 Molto vivo e velocissimo
(매우 빠르게 속도를 내어)

오른손의 돈꾸밈음 연습곡이다.

앞의 8마디를 돈꾸밈을 생략하여 악보로 나타낸 것이다.

이와 같은 선율의 흐름을 잘 이해하면서 꾸밈음을 표현하도록 한다.

돈꾸밈음의 표기와 연주법

∼ 또는 ❀의 기호로 표기되며 턴(turn, 영), 도펠슐락 (Doppelschlag, 독)이라고 부른다.

① : 왼손의 스타카토는 고른 음길이로 가볍게 연주한다.

② : 왼손 저음부의 선율을 잘 표현하도록 한다.

제 15 번 Presto

여러 가지 음형의 반음계 연습곡이다.

① : 반복되는 음을 칠 때 4번에서 1번으로의 이동이 부드럽게 되도록 한다.

제 16 번 Presto

3도, 6도의 펼침화음 연습곡이다.

① : 꾸밈음을 친 5번 손가락은 곧 1번 손가락 옆으로 이동하여 준비하고 있다가 1번 손가락으로부터 건반을 가볍게 옮겨 받는다.

제 17 번 Molto allegro

한 손으로 두 성부를 연주하는 연습곡이다. 한 음이 지속되는 동안 다른 성부는 여러 음을 연주하게 된다.

주의: 다음과 같이 치지 않도록 유의한다.

★ 예비 연습 ★

① : 테너 성부를 노래하듯이

아름답게 연주한다.

제 18 번 Molto allegro

왼손 2도·3도의 펼침음계 연습곡이다.

음계의 유연한 흐름 위에 오른손의 경쾌한 선율을 자유롭게 표현해 본다. (겹음의 윗소리를 명확하게 소리내어 밝은 음색으로 연주한다.)

다음의 몇 가지 패턴별로 음계를 익히자.

① 2도 하행 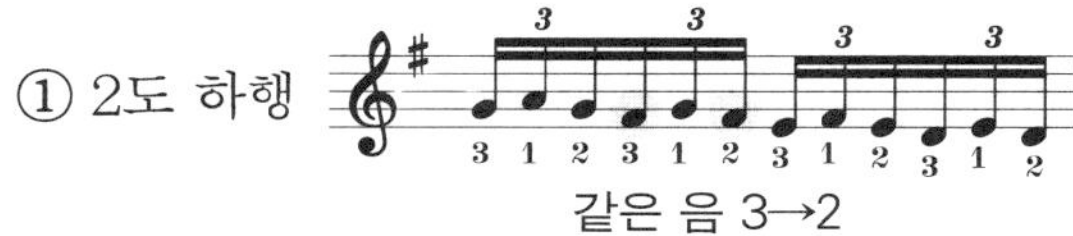
같은 음 3→2

② 2도 상행 
같은 음 2→3

③ 3도 하행 
같은 음 3→2

④ 3도 상행 
같은 음 3→4

반복되는 음의 손가락 번호를 충분히 익히도록 한다.

제 19 번 Presto

오른손의 펼침화음 연습곡이다.

1번 손가락을 중심으로 나머지 네 손가락 그룹이 좌우로 이동하게 되는데, 이 때 손목은 부드러운 원을 그리는 듯한 동작으로 자유로운 손의 이동을 돕는다.

다음과 같이 화음으로 쳐 보는 예비 연습을 한다.

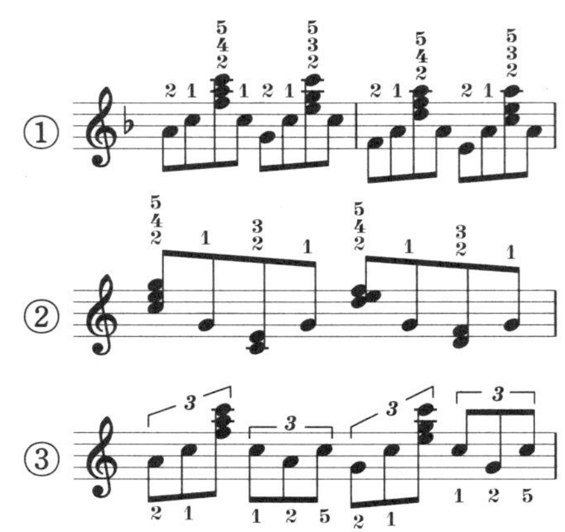

제 20 번 Molto vivace

발전된 트레몰로 연습곡이다. 즉, 한 음을 기준으로 하여 아랫팔의 무게 중심을 다른 한쪽 방향으로 던지는 형태이다.

① : 다음의 악보는 이 부분의 선율을 정리해 나타낸 것이다.

② : 서로 다른 3도 펼침 음계이다.

③ : 오른손은 옥타브 펼침 음계이다. 옥타브 간격의 손모양을 그대로 고정시킨 채 팔의 위치를 이동하며 아랫팔을 회전시키는 동작이 된다.

제 21 번 Molto allegro

① 오른손의 음계와 펼침 옥타브 음계가 복합적으로 나타나고 있는 연습곡이다. 그리고 왼손에서 주선율이 연주되므로, 점리듬과 레가토를 충분히 살려서 오른손 윗성부와 함께 긴장감을 잘 표현하도록 한다.

★ 예비 연습 ★

㉡ 5→4번 손가락으로 넓은 간격의 이동이다. 5번 손가락을 친 후에 곧 힘을 풀어 부드럽게 4번 손가락으로 이동한다.

제 22 번 Molto allegro

양손의 연타 연습곡이다.

★ 예비 연습 ★

① : 겹음 치기에서 변화하는 저음부의 선율을 잘 들으면서 연주한다.

② : 오른손의 윗성부를 명확히 소리내도록 한다.

③ : 첫음에 약간의 악센트를 준다.

(▱ 가 되지 않도록 유의한다.)

제 23 번 Molto allegro

오른손 4, 5번의 약한 손가락과 1번 손가락의 유연성을 주로 연습하는 곡이다. 고른 손놀림이 되도록 여러 가지 음형을 충분히 연습해 본다.

제 24 번 Molto allegro

오른손 음계와 펼침화음의 연습곡이다. 다양하게 움직이는 왼손 또한 잘 표현되도록 주의하여 연습한다.

① : 왼손은 이음줄·붙임줄을 잘 구분해서 화음을 연주하도록 한다.

이음줄(다른 음 사이에 그어진 줄로, 두 번째 음으로 부드럽게 연결하여 연주한다.)

붙임줄(같은 음 사이에 그어진 줄로, 두 번째 음은 그대로 누른 채 머문다.)

붙임줄(같은 음이라도 스타카토가 붙어 있을 때는 다시 누른다.)

제 25 번 Molto allegro

옥타브 간격으로 양손이 병진행하는 음계 연습곡이다. 병진행 음계에서는 양손의 손가락 번호가 다르므로, 익숙해질 때까지 천천히 정확하게 충분히 연습한다. 고르고, 빠른 기계적인 소리가 아니라 생동감 있고 표현을 담고 있는 음악적인 음계가 되도록 한다. 악보에 있는 악상 기호를 참고로 하여 연주가 각각의 음악적 상상력을 더해서 화려하고 긴장감 넘치는 연주로 이끌어 나간다.

제 26 번 Allegro

오른손의 불규칙한 잇단음표의 연습곡이다.

다음과 같은 불규칙한 잇단음표들은 왼손과 오른손을 맞추려 하지 말고, 자연스러운 흐름이 될 수 있도록 연습한다.

양손의 비율

	①	②	③	④	⑤	⑥
오른 손	19	23	21	16	20	13
왼손	6	6	6	6	6	3

제 27 번 Presto

양손은 각 소프라노와 베이스의 선율을 치면서 트릴로서 화음 반주를 하고 있는 연습곡이다.

cantando(노래하는) 선율과 반주는 확실한 음색의 차이를 나타내 주어야 한다.

★ 예비 연습 ★

위와 같이 화음으로 연습하면서 팔의 동작을 익히고, 양 선율과 화음의 구별된 음색을 들으며 잘 표현할 수 있도록 한다.

① : *calando*(칼란도) : 차분하게, 점점 느리고 여리게

② : 저음부터 차례로 아르페지오한다.(가장 위의 음은 선율의 끝음이므로 작지만 명확한 터치로 끝맺음 한다.)

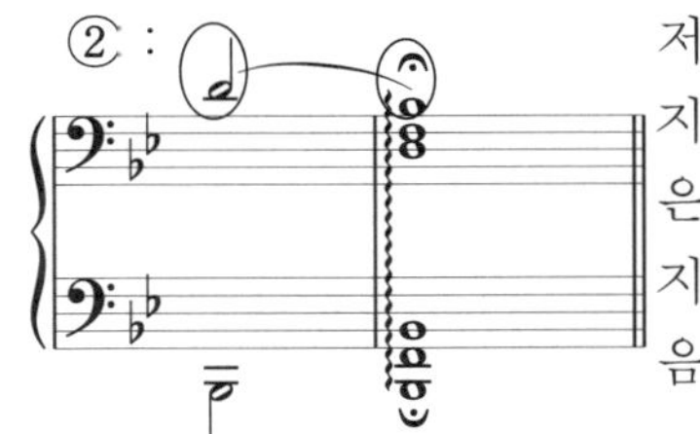

제 28 번 Presto

오른손의 펼침 옥타브 연습곡이다. 탄력있는 손목의 상하 운동으로 유연한 음계가 되도록 한다.

★ 예비 연습 ★

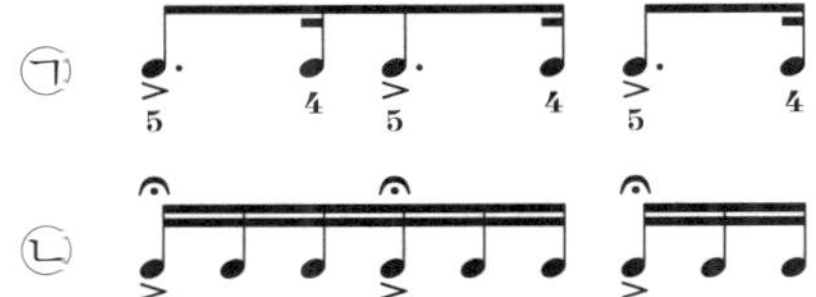

124

제 29 번 Molto allegro

3도 음계를 중심으로 연주하는 양손의 음계 연습곡이다.

① : 윗성부의 음계를 좀더 강조하여 밝은 음색이 나도록 한다.

② : 양손의 10도 진행을 잘 들으면서 연주한다.

③ : 각 음형의 첫음을 명확하게 소리낸다.

④ : 양손 모두 같은 손가락 번호로 치는 반진행 음계이다.

제 30 번 Presto volante
(매우 빠르게 날아가듯)

옥타브 도약을 포함한 아르페지오 연습곡이다.

양손이 서로 주고 받을 때, 고른 음량과 리듬으로 자연스런 연결이 되도록 한다.

① : *fz* =*forzato*(=*forzando*) 힘차게, 강조하여의 뜻이다.

sf =*sforzando*(=*sforzato*= *sfz*) 매우 강조해서의 뜻이다.

제 31 번 Molto allegro

반음계 연습곡이다.

① : 오른손의 기본적인 반음계 손가락 번호이므로 정확히 익히도록 한다. (상행 · 하행 같은 손가락 번호이다.)

② : 왼손의 기본적인 반음계 손가락 번호이므로 정확히 익히도록 한다. (상행 · 하행 같은 손가락 번호이다.)

③

위와 같이 선율을 표기해도 좋을 것이다. 이 선율과 함께 병행하는 반음계는 항상 *p* . *dolce*로 연주해야 한다.

④ : 겹으로 진행하는 반음계이다. 손가락 번호에 유의하여 정확히 연주한다.

제 32 번 Presto volante

양손이 서로 주고 받으며, 넓은 음역의 아르페지오를 연주하는 연습곡이다. 마치 하프를 연상시키듯 넓은 음역의 아르페지오를 빠르고도 우아하게 표현한다.

① : 왼손과 오른손을 연결할 때 악센트가 아닌 부드러운 상행 곡선으로 들려야 한다.

② : 화음으로 치면서 변화하는 화음을 이해한 후에 원래의 악보대로 연주한다.

③ : 양손이 서로 자주 바뀔 때도 마치 한 손으로 치는 것처럼 유연하게 들려야 한다.

제 33 번 Molto allegro e veloce
(매우 빠르게, 날아가듯이)

2도 펼침 음계, 음계, 6도 · 3도 · 10도 병진행 음계 · 반음계 · 아르페지오 등이 모두 복합적으로 나타나고 있는 연습곡이다.

앞 번호에서 연습했던 것을 바탕으로 더욱 유연하고 빠른 템포로 연주할 수 있어야 한다.

제 34 번 Allegro molto vivo ed energico
(매우 생기있고 힘차게)

앞의 21번 연습을 발전시킨 곡이다. 전곡을 통하여 왼손을 먼저 충분히 연습하는 것이 중요하다.

①, ② : te-nu-to 충분히 길게, 팔 전체의 무게를 1번 손가락에 실어서 친다.

제 35 번 Allegro vivacissimo
(매우 빠르게)

오른손의 펼침 옥타브 진행과 왼손의 2성부 치기, 넓은 도약, 트레몰로 등 여러 가지 어려운 기교를 익히기 위한 연습곡이다.

① : 베이스가 테너(지속음)보다 높은 음역을 지나간다. 1번 손가락으로 치는 '나' 음이 음표보다 긴 음으로 연주되지 않도록 유의한다.

② : 넓고 잦은 도약이다. 부분적으로 악보를 외우

면 건반의 위치를 찾는 데 훨씬 쉬워진다. 또한 건반을 보지 않고 감각으로만 위치를 기억하여 쳐 보는 것도 연습해 볼 만하다.

제 36 번 Presto

음계, 반음계, 아르페지오 등의 반진행이 복합적으로 나타나는 연습곡이다.

① : 반진행하는 아르페지오는 양손의 손가락 번호가 다르므로 유의해서 연습한다.

② : 약간 까다로운 음형이므로, 각 손을 따로 충분히 연습한 후에 연주하도록 한다.

제 37. 번 Molto allegro e giocoso
(매우 빠르게, 익살스럽게)

앞의 27번이 발전된 형태이다.
① : 상성부의 레가토를 잘 살리도록 한다.

② : 왼손은 오른손을 넘어서 연주하게 된다. 이때 손끝만이 아니라 적극적으로 왼쪽 어깨도 함께 유연한 이동을 돕는다.

③ : 이때 ♪는 *dolce*의 아래 성부 ( ) 와는 구별되는, 명확한 소리로 표현해야 한다.

제 38 번 Molto allegro, quasi presto
(매우 빠르게, 거의 presto에 가깝게)

3도, 6도 화음의 트릴 연습곡이다. 이것은 단음 트릴처럼 손의 좌우 회전 운동을 사용할 수 없으므로, 손가락과 손목의 상하 운동으로 연주해야 한다.

① : 둘째박 왼손은 마치 계속해서 오른손으로 치는 것처럼 유연한 흐름 속에서 연주해야 한다.

② : 양손이 주고 받는 화음은 다음과 같이 마치 한 손으로 연주하듯 자연스럽게 들려야 한다.

제 39 번 Presto (à la Galopade)
(매우 빠르게 갤롭풍으로)

Galopp은 $\frac{2}{4}$ 박의 빠른 춤곡의 이름이며, 원뜻은 '뛰다, 달리다' 이다.

오른손의 펼침화음 연습곡으로 여러 가지 음형과 화음의 진행을 먼저 익힌 뒤 아르페지오로 연주하면 좋을 것이다. 왼손의 반주는 마치 말이 달리는 듯한 느낌으로 경쾌하게 연주한다. *pp*, *leggiero*부터 *ff*, *ff²* 에 이르기까지 다양한 터치와 함께 점차 빠른 템포의 아르페지오를 연주할 수 있도록 충분히 연습하도록 한다.

제 40 번 Allegrissimo, quasi presto
(더 빠르게, 거의 presto처럼)

Allegrissimo : Allegro에 (i)ssimo를 붙여 강조하므로써 '더 빠르게' 의 뜻이다.

온음계, 반음계, 트릴, 아르페지오, 펼침화음, 레가토 · 스타카토 등 지금까지 배운 것을 총 복습하는 연습곡이다. 각 부분의 기술적인 어려움을 다시 한 번 세심한 주의를 기울여 충분히 연습한다.

마스터 체르니 40 편집부 편

발행인 박현수
발행처 세광마스터피스 | 서울특별시 용산구 만리재로 178
　　　　Tel. 02)714-0048(내용 문의)　　Fax. 02)719-2656
　　　　http://www.sekwangmall.co.kr
공급처 (주)세광아트　　Tel. 02)719-2651　Fax. 02)719-2191

등록번호 제 2-3161호(2000. 9. 23)
ISBN　978-89-89359-09-8　93670

ⓒ 2001 세광마스터피스